三明寺住職
大嶽 正泰
Otake Shotai

やすらぎ説法2

幸せの道しるべ

発売元 静岡新聞社

まえがき

平成十八年三月に『和尚のちょっといい話』を、今は亡き曹洞宗管長、板橋興宗禅師の薦めで春秋社より出版し、平成二十九年四月に第二弾として『やすらぎ説法』と題し静岡新聞社から出版しました。今回もSBSラジオで放送されたものを整理する意味で第三弾として上梓することにしました。また沼津コーストエフエムの「和尚のぶっちゃけばなし」にも出演しています。こちらは毎朝七時半から約十分間のラジオ生放送で、もとより浅学菲才で役に立っているとは思えませんが二十年間続けています。

いつもSBS RADIO EASTの中島大介様と板橋南美アナウンサーにはお世話になっています。本書を引き続き出版できたのは、静岡新聞社の庄田達哉様、渥美陽平様、弘文舎出版の新井徹様のおかげです。付属のCDには「大悲心陀羅尼」と「妙法蓮華経如来寿量品偈」を収録しました。読誦していただければ幸いです。

この本を、故、元総代の杉山守夫、まさ子様ご夫妻と大滝孝三様に贈りたいと思います。

来年は曹洞宗大本山總持寺瑩山禅師七百回大遠忌でもあり、私も喜寿を迎えました。

お寺がこれまで発展できたのは、総代様方の熱意とご助力によるものと日々、感謝しております。

令和五年四月八日　釈尊降誕の日

大嶽山 三明寺住職　大嶽正泰　合掌

やすらぎ説法2 もくじ

第一回　戦後の日本を救った釈尊の言葉
――ジャヤワルダナ氏の演説

戦後、日本の平和は七〇年以上続いておりますね。この平和が永続することを願い、本書の最初に敗戦国「日本」の危機を救ってくれた言葉についてお話しします。

敗戦後にあった二度の危機

昭和二十年八月十四日、日本はポツダム宣言を受け入れ、無条件降伏を決定しました。これ以後、再び主権を回復するまでに、少なくとも二回の国家的危機に直面します。

最初の危機はいわゆる「宮城《きゅうじょう》事件」です。終戦を国民に知らせる玉音放送の前夜、戦争継続を主張する一部の陸軍将校たちが宮内省の金庫に保管される玉音放送の録音盤を奪い、天皇の身柄を押さえようとしていました。幸い、この企ては未然に防がれました。

二回目の危機が今回の主題です。昭和二十六年九月に締結した「対日平和条約」（サンフランシスコ講和条約）の調印に至る過程でのことです。

この条約は敗戦後の日本の主権や領土、さらには賠償責任などを左右する重要なものでした。そして、その条文の作成を主導したのがアメリカとその同盟国イギリスです。これについてアメリカは「日本への報復を意図していない」と言いましたが、実は軍部内では〝より効率的〟とされる具体案が作られていました。それが採用されれば、日本は完全に崩壊していたかもしれません。なぜなら、日本を四つに分け、戦勝四大国（米国・英国・ソ連・中国）で分割統治する案だったからです。たとえば、北海道と東北の全域はソ連の統治下に入る計画でした。ただ幸運にも、この分割案は廃案とされました。結果として、日本の主権や領土の回復を認め、賠償で日本経済に重荷を負わせないとする寛容な内容になりました。

しかし、サンフランシスコ講和会議でこれに激しく反発し、修正を迫ったのがソ連でした。当時、すでに東西陣営の対立（冷戦）が鮮明になりつつあったのです。ソ連の修正案は日本の主権と領土の制限、賠償義務、さらには日本海からの西側諸国の実質的排除など一三項目に及びました。日本は日本海側から中ソによる実効支配を受けかねないような状況でした。

日本の危機を救った演説

各国の主張が錯綜するなか、世界が予想もしなかった演説がセイロン（現、スリランカ）代表によってなされました。以下、概略をご紹介します。

セイロンは戦中、日本軍の空襲を受け、賠償請求権を持つ国でした。しかし、代表のジャヤワルダナ蔵相（後に同国大統領）はソ連の案を強い口調で批判し、反駁《はんばく》します。そして、セイロンの意見こそアジア諸国一般の考えだと表明した上で、「賠償を求める権利を行使せず、日本の主権と独立を支持する」と明言し、その理由を「アジア人の生き方を気高いものにした偉大なる仏陀の〝憎悪は憎悪によって取り除かれない。愛によってこそ除かれる〟との言葉を信じるからだ」と述べました。各国代表へ「日本に友情の手を差し伸べ、平和と繁栄のために協力しよう」と呼びかけたのです。ジャヤワルダナ氏は満場の拍手を浴びました。議場にいた誰もが彼の演説と仏陀の言葉に感動し、深い共感を覚えていたのです。

いうまでもなく、〝アジア人の生き方を気高いものとした偉大なる仏陀〟とは釈尊《しゃくそん》のことですね。今日、日本が主権を回復し、国民が平和に暮らしているのは釈尊の言葉と、これを引用したジャヤワルダナ氏の演説に後押しされたおかげだったのです。

平和のための真理の言葉「法句経」（第五）

ジャヤワルダナ氏が引用したのは、仏教経典のなかでも最初期に成立し、釈尊自身の言葉に近いとされる「法句経《ほっくきょう》」からでした。釈尊が弟子たちに教えた真理を詩のかたちで記述しており（「偈《げ》」といいます）、五番目の詩が次のような文言なのです。
「怨《うら》みに報いるに怨みを以《もつ》てしたならば、ついに怨みの息《や》むことがない。怨みをすててこそ息む。これは永遠の真理である」

こちらは日本の仏教学者、中村元《なかむらはじめ》博士による和訳（『真理のことば』岩波書店）ですが、ジャヤワルダナ氏は「愛によってこそ除かれる」と表現しました。「法句経」（第五）の英訳では古くから「hatred ceases by love（憎しみは愛により止まる）」とされています。パーリ語原典を現代語訳するとき、「愛」という言葉があてはまるのでしょう。実際、昭和十年刊行の『国訳大蔵経』（国民文庫刊行会）でも「愛を以てぞ解く」と和訳されました。

要するに釈尊は、「戦争というのはやり始めるときりがない。お互いが我慢しなければいけないし、恨《うら》むより愛情を育むようにせねば平和は来ないものだ」と、人類を諭しているのです。釈尊がこう言ったのは今から二五〇〇年以上も前ですからね、なるほど真理とは永遠のものだと感じます。

本書を始めるにあたり、改めて平和のありがたみを噛みしめたいと考え、釈尊による真理の言葉「法句経」（第五）を取り上げました。

第二回　釈尊生誕の日
――仏法聞き難し　今已に聞く

今回は四月八日の花祭り（釈尊の誕生日）にちなんだ話や釈尊の言葉から生まれた「三帰《さんき》依文《えもん》」についてご紹介したいと思います。

釈尊の誕生

実のところ、釈尊の誕生した正確な日付というのは伝わっておりません。ですが、日本の仏教界では一般に四月八日をお釈迦さまの誕生日としてお祝いするわけです。昔から私たちはこの日を〝花祭り〟などと呼びならわし、甘茶を「誕生仏」にかけたり（灌仏《かんぶつ》）、飲んだりしてきました。沼津市仏教会でも例年、灌仏会を行っているのです。

釈尊は現在のネパール西部に城を構えたシャカ族の王子として生まれました。その祖父である獅子頬《ししきよう》王は弓の名手として、父の浄飯《じようぼん》王は仁者（仁の道に達した人）として知られ、シャカ族の国は平和で豊かだったそうです。

一方、釈尊のお母さんはマーヤ夫人といい、王子を孕んでから里帰りをしました。しかし、その途中、ルンビニー園の離宮で産気づいたのです。産まれたばかりの釈尊は七歩進み、天と地を指さして「天上天下唯我独尊《てんじょうてんげゆいがどくそん》」と唱えた（または産声がそう聞こえた）といわれています。このときの姿を表現した仏像を一般に「誕生仏」というのです。

もちろん、これらはあくまで伝説です。言い伝えでは、このとき帝釈天《たいしゃくてん》ほか仏法を守護する諸天が紫雲たなびく雲間に参上していましたから、釈尊は彼らに「天下で我こそが独り尊い」と自分が仏陀であると宣言したのです。同時に、この言葉は衆生《しゅじょう》に向けて「世の我（命）はそれぞれ唯一の存在で、平等に尊いものだ」と発せられたわけですね。古代インドにはバラモン僧を頂点とする不平等な階級制度がありましたから、これには言葉以上の大きな意味が込められていたことになります。

ちなみに、欧米では釈尊のことをブッダ（仏陀）と呼ぶことが多いようですが、本来これは「目覚めた人」という意味で、特定の人を指す言葉ではありません。仏陀は過去に複数いましたから、釈尊は諸天に向かい、自分は新たに下生《げしょう》した仏陀だと知らせたことになります。

こうして誕生した釈尊の人相を観たのがヒマラヤの森に住まう阿私陀《アシタ》仙人でした。仙人は誕生間もない釈尊の人相に三十二相八十種好《はちじっしゅこう》（仏に備わるといわれる特徴）を認め、「成長すれば転輪聖王《てんりんしょうおう》（伝説上の理想的国王）になるか、大聖者となるだろう」と言い、はらはらと落涙したそうです。仙人はほどなく自らの寿命が尽きることを知っており、釈尊の未来を見られないことを悲しんだのでした。

仏法を守り、衆生を救う釈尊の言葉

太子（釈尊）誕生の報せが浄飯王に届けられたとき、その誕生日が四月八日と書かれていた、という言い伝えがあるらしいですね。これも伝説ですが、大乗仏教では一般にそう考えられているのです。ですから、仏教徒としてこの日を讃えたいと思うわけですね。

その釈尊の言葉にはいろいろありますが、わかりやすく、心に響く言葉として次のようなものをご紹介します。

人身受け難し、今已《すで》に受く。仏法聞き難し、今已に聞く。この身今生《こんじょう》において度《ど》せずんば、さらにいずれの生《しょう》においてかこの身を度せん。大衆《たいしゅ》もろともに、至心に三宝に帰依し奉るべし。

〝度〟とは〝救済（悟りに至る）〟を意味し、概説するとこんなふうになります。

「（生きとし生けるものが）人の身に生まれるのは難しいが、今、私たちは人として生きている。（仏陀が世に現れることが稀なため）仏法を聞くことは難しいが、釈尊のおかげで、すでに仏法を聞く機会を得た。（転生輪廻《てんしょうりんね》のなか）今の人生で自らを救えなかったら、どの機会に救えるだろう。だから大勢の比丘《びく》たちとともに心から三宝（仏法僧）に帰依しよう」

いかがでしょう。直接ではないにせよ、釈尊の言葉から仏法を学べることの貴重さ、ありがたさが伝わってきますね。その上、たとえ現世で生きていたとしても、人として生まれていなければ仏法を学べません。今の私たちは自らを救う最高のチャンスを手にしているのだと教えてくれているのです。

この文にはもう少し続きがあって、全体を「三帰依文《さんきえもん》」といいます。が、まったく同じ文言が経典にあるかというと、実はありません。明治維新後、釈尊の重要な言葉をつなぎ、宗派を超えて唱えられる文言としてつくられました。制作者は大内青巒《おおうちせいらん》という江戸末期から明治にかけての仏教学者で、最初の部分は「法句経《ほっくきょう》」（仏陀品）から、ここでは書けなかった続きの部分は「華厳経《けごんきょう》」（巻第六）からの引用です。当時はちょうど「神仏判然令」の影響下、仏教界が廃仏毀釈運動に苦しめられていた時代でした。そんなギリギリのなかで、釈尊の言葉が宗派を超えて仏教界を救い、仏法を守っていたのです。

第三回　五百羅漢

――阿難尊者とお経の始まり

今回は「五百羅漢《らかん》」と阿難尊者《あなんそんじゃ》、そしてお経（仏教経典）の始まりについてのお話をします。この五百羅漢とは、五〇〇人の阿羅漢《あらかん》の意味です。

阿羅漢とは？

まず「阿羅漢」についてですが、仏教の修行のいちばん高い段階に到達した者を指し、いわば尊敬や供養を受けるにふさわしい高僧のことをいいます。難しい漢字を使いますが、サンスクリット語の「arhan（アルハン）」の音写で、略して羅漢ともいいます。その阿羅漢のなかでも優れた者について「大阿羅漢」ということもあります。

五百羅漢

阿羅漢（羅漢）には、特別な意味を表すための数字がともなうことがあります。

たとえば「十六羅漢」というと、長くこの世に存在し続け、仏法を護持するといわれる一六人の阿羅漢です。彼らの名前は『大阿羅漢難提密多羅所説法住記《だいあらかんなんだみったらしょせつほうじゅうき》』（『法住記』）に登場し、その筆頭である賓度羅跋囉惰闍《びんどらばらだじゃ》（別称、賓頭盧《びんづる》）以下の居住地名と弟子の数などが書かれています。彼らは人間界にあまねく仏法を広めますが、その後に〝次なる仏陀〟として下生するのが弥勒菩薩《みろくぼさつ》なのです。

それから今回のタイトル「五百羅漢」がありますね。これにも大きな意味があります。

釈尊の入滅後、悟りを得た弟子たちが集まり、いかに仏法を後の世に伝えていくかを話し合いました。これを結集《けつじゅう》といい、五〇〇人の阿羅漢が参加しました。つまり「五百羅漢」とは、最初に釈尊の教えをまとめ、仏教経典の基礎をつくっていった阿羅漢たちなのです。

現在、多くの仏教経典（お経のことです。総称して大蔵経《だいぞうきょう》とか一切経《いっさいきょう》といいます）がありますが、釈尊自身は聖典らしいものをいっさい残しませんでした。ですから、五百羅漢たちの作業はまったくのゼロから出発することになったわけですね。

摩訶迦葉と阿難尊者

五百羅漢を先導したのが八人の阿羅漢（「八上座」といいます）で、なかでも摩訶迦葉《まかかしょう》が最も優れた大阿羅漢でした。釈尊から直接仏法を授けられた「拈華微笑《ねんげみしょう》」のエピソードは「以心伝心の伝法」の故事として有名です。

〈あるとき、釈尊が皆の前で蓮の花を拈《ひね》った（『無門関《むもんかん》』では「拈起《ねんき》」として〝高く手で掲げた〟とする）ところ、その真意を測りかねた皆は黙ったままだった。そのなかで摩訶迦葉だけが破顔微笑し、それを見た釈尊は彼に仏法が伝わったことを告げた〉

そんな摩訶迦葉ですが、「多聞《たもん》第一（人並み外れた記憶力）」といわれた阿難尊者のようにずっと釈尊についていたわけではなく、諸国を巡って法を説いていました。ですから、経典のとりまとめには阿難尊者の記憶力が必要だったはずです。

しかし、記憶力と悟りとは違います。阿難尊者は誰より釈尊のことを知っていましたが、未だ悟りに至っておらず、五百羅漢の仲間入りを許されていませんでした。釈尊の入滅で悲嘆に暮れていた阿難尊者は猛省し、七日にわたる止眠断食の禅三昧に入ります。そして第一結集の始まる直前、疲労困憊の極に達した彼はついに悟りに至ったのです。

摩訶迦葉は阿難尊者を阿羅漢として上座の一人に加え、第九上座としました。このとき摩訶迦葉は第一の阿羅漢として結集の議長に推され、一つずつの議題に対してすべて五百羅漢の賛同を得ていったといいます。

これ以後、彼らは三蔵（律蔵・経蔵・論蔵）について話し合いを進め、律蔵の結集では

「戒律の厳守第一」と称された者が高座にあがり、経蔵の結集では多くの阿羅漢に推され、「多聞第一」の阿難尊者が高座にあがりました。これらが仏教経典の、つまりは一切経の始まりです。しかも、紀元前一世紀まで書写をせず、口誦のみで伝えていったのです。

羅漢像　羅漢を供養する寺院

五百羅漢は現在でも尊崇されており、たとえば小田原市にある天桂山玉宝寺《てんけいざんぎょくほうじ》は木造の五百羅漢像を安置する寺院として有名です。近くの駅（大雄山線）の名も「五百羅漢」とされていますね。東京の目黒には天恩山五百羅漢寺という、そのものズバリといった名のお寺もあるほどです。そのほか羅漢像を蔵する寺院は多く、曹洞宗大本山「永平寺」の山門楼上には五百羅漢像が、同じく「總持寺《そうじじ》」には十六羅漢像が安置されています。

静岡県内では清見寺《せいけんじ》の五百羅漢石像がよく知られていますね。これは島崎藤村の小説『桜の実の熟する時』の最後に登場しています。実は「五百羅漢像があるお寺は栄える」と言われておりまして、私どもの三明寺にもあるんです。時々、児童が見学に来ると、表情豊かな仏像がたくさんあることに驚いていますよ。阿羅漢それぞれの姿や顔が異なっていて、怒っていたり笑っていたり、さまざまなんです。

第四回　二人で道を行くなかれ

――故奈良康明先生を偲ぶ

平成二十九年十二月十日、曹洞宗大本山永平寺の西堂を務められた奈良康明《ならやすあき》先生が亡くなりました。今回は奈良先生とそのご専門だった原始仏典のお話をしたいと思います。

恩師、奈良康明先生のこと

まず、奈良康明先生のことを簡単にご紹介いたしましょう。私にとっては大学時代の恩師でもありました。

奈良先生は昭和四年、千葉県で誕生されました。開成中学校から小石川高等学校に進み、東京大学文学部印度哲学梵文学科に進学されました。ご専門はインド仏教文化史です。大学を卒業するとインドへ留学され、カルカッタ大学の博士課程を修了しています。帰国後、駒澤大学で教鞭を執られ、学長や総長を務められました。

先生の本葬の通夜は平成三十年一月二十九日、翌日に葬儀が執り行われました。場所は東京の西麻布にある永平寺別院、長谷寺《ちょうこくじ》です。私は三明寺の行事の都合で行けませんでしたが、参列した友人から電話があり、学生時代のことを懐かしく思い出したものでした。

「こころの時代」（シリーズ・原始仏典をよむ）

昭和四十年以後、奈良先生は日本放送協会（ＮＨＫ）の番組「宗教の時間」や「こころの時代」に出演するようになりました。そしてある時期、「原始仏典をよむ」という連続シリーズに出ておられました。仏典のなかでも最初期に成立した経典スッタニパータやサンユッタ・ニカーヤなどには、釈尊の言動がほぼそのまま残されているといわれます。

シリーズを拝見するなかで、とくに強く印象に残ったことの一つが今回の副題にある「二人で道を行くなかれ」という釈尊の言葉でした。

釈尊がそう言ったのはブッダガヤーで悟りを開いたあとのことです。坐禅の後、ベナレスに赴いた釈尊は修行者たちに法を説き、導いてやれば悟りに至る人々がいることを知ります。当初は自分以外にそれは無理だと考えていた釈尊ですが、やがて悟りを得た比丘《びく》（修行僧）たちに諸国への伝道を始めるよう告げるのです。

番組では原始仏典のその場面について、次のようにわかりやすく訳していました。

〈比丘たちよ、私は一切の束縛から自由になった。そなたたちも同様に自由となった。諸人の利益と幸福のため、また世の人への共感をもって、神々と人間の利益幸福のために、そなたたちは出かけるがよい。二人で道を行くな…（以下略）…〉

これは「サンユッタ・ニカーヤ（パーリ仏典「相応部」）」の第四篇第一章第五節からの引用です（「雑阿含経《ぞうあごんきょう》」では第三十九巻）。

二人で道を行くなかれ

引用部分に〝神々と人間の利益幸福のため〟とあり、少々わかりづらいかもしれません。背景には、古代インドにおける「六道輪廻」の考え方があります。この「六道」とは私たちが輪廻転生する六つの迷界を、すなわち地獄界・餓鬼界・畜生界・修羅界・人間界・天上界を意味しています。つまり釈尊は、人間界のみならず天上界にある神々まで含め、人天《にんでん》すべての利益幸福のため法を説きにいけと弟子たちに命じたのです。

奈良先生はこれを「見事な伝道宣言」と解説されています。そして、「二人で道を行くな」という点について「できる限りたくさんの場所で説くため一人ずつ」との話をされました。めいめいが一人で諸国に向かい、孤独に耐えながら教えに従って生き、その身に悟りを現していけというのです。人々を悟りに導くには言葉や理屈だけでは足りず、行動（修行）をともなう生き方そのものを示さなければなりませんからね。

ただ、仏典の同部分の解釈は難しく、研究者によっては「二人で行けばすれ違いもあろうが、一人ならそんな煩瑣《はんさ》なことがないから」といった意味にとることもあります。

そんなふうにいろいろ考えた瞬間、私の脳裡に現代の企業や諸団体で組織をリードしているトップたちの「孤独」がよぎりました。規模の大小に拘わらず、一つの会社を経営し、導いていくのは一人の社長さんです。いくら幹部や部下がいるといっても、やはり孤独なところというのは当然あろうと思うのです。それをこの教えは「それでいいんだ。トップであるべき自立した者はそこをしっかり考え、寂しかろうと孤独であろうと、そういうことも兼ね備えていかなきゃいけないよ」と明示しているのではないかとひらめいたのです。

つまり、釈尊が発した生の言葉には、いつの時代にも通用する根本的な教えが秘められているのだと、改めて気づかされたというわけです。

残念ながら奈良先生は亡くなられましたが、シリーズ「原始仏典をよむ」は日本放送出版協会から同名の単行本（上下巻）として刊行されています。もし、生き方に迷ったら、釈尊の言葉と奈良先生の導きにヒントを求め、手に取ってみるのもよいかと思うのです。

第五回　江原素六と先憂後楽
――理想的な為政者の姿とは

令和四年五月、沼津市は江原素六《えばらそろく》の没後一〇〇周年記念の式典を催しました。今回はこれにちなみ、江原素六とその座右の銘についてお話ししたいと思います。これらは沼津市と友好都市関係にある中国湖南省の岳陽市とも関連しているのです。

江原素六について

江原素六は明治から大正にかけて活躍した政治家であり、教育者です。生誕年は天保十三年、下級武士の子として江戸で育ち、昌平坂学問所ほかで熱心に学びました。十九歳で砲術を教えるまでになりますが、明治維新後には旧幕臣として徳川家に従い、静岡県沼津に無禄移住をしました。同地で素六は駿東郡長の役職に就き、優秀な人材を育成しようと学校を設立して校長を務めます。これが沼津兵学校です。同時に愛鷹山麓で酪農を奨励し、西洋の技術を採り入れた事業をおこしました。明治初期、旧幕臣の手によってチーズやバターなどの製造が始められたわけです。そして明治二十三年の第一回衆議院総選挙で代議士に選出され

（後に貴族院議員）、国政に携わる政治家として没するまでその職にありました。高い地位にあって偉ぶらず、病人や女性、子ども、在日外国人など社会的弱者への援助活動に打ち込んだ人でした。郷土の誇りとすべき人物の一人ですね。

先憂後楽

江原素六の座右の銘として知られる言葉が「先憂後楽《せんゆうこうらく》」です。「憂慮すべきことを先にし、後で楽をせよ」といった意味をくみ取れますね。初見の方でも直感的にうなずけるような、すばらしい内容だと思います。実はこの言葉、江原素六のオリジナルというわけではなく、「岳陽楼記《がくようろうのき》」という古い中国の散文からとったものでした。その「岳陽楼記」を書いたのは宋（古代中国）の政治家にして文学者、范仲淹《はんちゅうえん》です。

その当時、滕宗諒《とうそうりょう》という進士が政治上の問題で岳陽に左遷され、岳陽楼（岳州城の西門の楼閣）を修築した際、記念の文章を年齢の近い范仲淹に依頼しました。それが「岳陽楼記」です。范仲淹はその散文の終わりにこう書いたのです。

「先天下之憂而憂　後天下之楽而樂」（天下の憂いに先だって憂え、天下の楽しみにおくれて楽しまん）

これは「仁」（当時の最高の道徳観念）をもつ者を表現したもので、為政者のあるべき姿です。范仲淹は景色絶佳の岳陽楼を踏まえ、「人は目に入る景情で悲喜を異にするが、仁人は天下を以て憂楽とする」と常人には思いつかぬ究極の為政者像を表現したのです。

沼津市と姉妹都市提携

前項で岳陽の地名が登場しましたので、静岡県を思い浮かべた方もいるでしょう。日本で岳陽（「岳」は大きい山、「陽」は南の意味）といえば富士山の南、つまり沼津を含む静岡県の中・東部を指しますね。一方、「岳陽楼記」の「岳」は天岳山（幕阜《ムーフー》山）を意味し、その南に位置する地という意味で岳陽というのです。

ともに「岳」の南にある沼津と岳陽の間で交流し始めたのが昭和五十四年です。この年、「中日友好の船」に乗った湖南省の視察団が沼津を訪れました。それ以来、双方の市民の行き来が増え、昭和六十年に提携関係が結ばれたのです。

それらの過程で江原素六と座右の銘も紹介され、岳陽市との深い絆の証となりました。提携調印の際には、来日した岳陽市代表団が江原素六の資料を所蔵する「沼津市明治資料館」を訪問しています。同年発行の「明治資料館通信・創刊号」には、江原素六が「論語」や

「孟子《もうし》」など中国の古典を学んだことを知った代表団の感激ぶりが掲載されました。

民衆から求められる為政者の姿とは

沼津市の「明治資料館」には江原素六が大正九年に書いた「先憂後楽」の書が展示されています。一方、中国の岳陽市に行くと観光みやげなのでしょう、店先で売っている扇子などに「岳陽楼記」が印刷されていたり、「先憂後楽」の語が書かれていたりします（私も何度か行ったことがあるのです）。それらを見ると、民衆が理想の為政者に求める姿というのは、どこの国に行っても同じなのだと考えさせられます。

果たして、「先憂後楽」を掲げた江原や范仲淹は現代日本の政治家をどう見るでしょう。

今、日本の資本主義は限界まで来ているような気がしてなりません。富裕層が肥大化する一方、弱者にしわ寄せがきて貧困層を増やしています。その格差は決定的になり、明日のご飯を食べられない人さえいます。新資本主義などという言葉が出てきていますが、もはや共存共栄なんて難しいかもしれません。それでもこの国を背負おうという政治家なら、今こそ「先憂後楽」の気持ちを持たねばなりますまい。

今回はそんな思いを込めて江原素六と「先憂後楽」の言葉をご紹介いたしました。

第六回　マラソン指導者小出義雄
――その指導法と選手の条件

有名なマラソン指導者、小出義雄《こいでよしお》氏が令和元年四月に亡くなりました（享年八十）。今回は小出監督とその独特な指導方法などについてお話しします。

小出監督のもとで続々と開花した選手たち

小出監督と聞くと、たいていの人が〝Qちゃん〟こと、高橋尚子《たかはしなおこ》選手を思い出すでしょう。二〇〇〇年のシドニーオリンピック大会で金メダルを獲得した女子マラソン選手です。ほかにも有森裕子《ありもりゆうこ》選手が連続二大会（バルセロナ・アトランタ）でメダリストになっていますね。世界陸上選手権でも一九九七年のアテネ大会で鈴木博美《すずきひろみ》選手が金メダルに、二〇〇三年のパリ大会では千葉真子《ちばまさこ》選手が銅メダルを獲得しています。

もともと小出監督ご自身が陸上選手を志していたそうです。走ることが大好きだったんですね。いったんは家業の農家を継ぎますが、走ることへの思いを断ち切れず、家出同然で陸上界に身を投じ、箱根駅伝などで活躍しました。その後、ケガなどもあって教員となり、後進の育成を始めます。昭和六十一年の高校駅伝では市立船橋高校を全国制覇に導きました。

独特な指導方法

「選手を褒めて伸ばす」。小出監督の指導方法というと、まずこう言われますね。事実、小出監督は自身の著書で「励ましの基本は、褒めることだ」とはっきり書いていますし、高橋尚子選手や鈴木博美選手に「おまえは世界一になれる」と毎日繰り返したそうです。二人とも世界一なんて、よく考えるとおかしなことかもしれませんが、そう褒め続けたのです。もちろん、「上から目線」で命令するようなことはありませんでした。

小出監督が指導者になった当時、陸上界では「スパルタ式」が当たり前だったそうです。今では死語かもしれませんが、規律や鍛錬の厳しさを重視する非常に厳格な教育スタイルのことをこういったのです。練習量はともかく、小出監督の指導方法は当時の常識とは正反対でした。でも、それが女子マラソン界に黄金期をもたらしたのです。

強さの要素は運・性格・自信

小出監督のように褒め続ければ、どんな指導者でも一流選手を育てられたのかといえば、やはりそうはいかないでしょう。かたちだけ真似しても、結果は思うようにはなりません。

その理由を小出監督の著書から引用しましょう。

「(褒め言葉が) お世辞であってはいけない。私が褒めるという意味は、あくまでも本当のことを言ってあげるということだ。つまり、本心を伝えるのである」

何十年もの指導経験で、小出監督は走る足音を聞いただけで各選手の体調や精神状態が手に取るようにわかったそうです。それだけの経験と判断力を持つ指導者が選手それぞれに合った褒め言葉を、それも本心から言わなければダメだということです。

その上で各選手が伸びるかどうかは、彼らのもつ「運」や「性格」が関わってくるといいます。「運」とは、才能を見抜いてくれる指導者と出会えるかどうかです。不思議なことですが、一所懸命な者、とことん打ち込める選手がそういった「運」をもっているそうですね。

さらに、運よくそんな指導者と出会えても、選手自身の性格によって結果がわかれるといいます。監督がいちばんに挙げたのが「素直さ」でした。他人の言うことより自分の考えに固執する選手がいる一方、Qちゃんはものすごく「素直」だったそうです。「強くなるからこれをやろう」と言われれば、どんなに辛くても素直に従ったのです。なにしろ、小出監督の練習量はものすごかったそうですからね。

小出監督がただ褒めただけではなかったこと、そしてQちゃんが単に監督の言葉に乗せられただけではなかったことがわかりましたよね。表面上はそう見えていても、互いが一つの目標に向かって全力を注ぎ、信頼し合いながら全身全霊で打ち込んでいなければ効果はありませんでした。そして、それだけの練習を成しとげた選手には本当の自信がつき、もはや他の選手のことなど気にならず、自分の力を発揮することだけを考えるようになるのです。

誰でも失敗をする。それをどう生かすか

素直で強い高橋選手でしたが、もちろん失敗や挫折だってありました。ケガでレースを欠場したり、試合前に食中毒で入院したりもしました。そんなとき監督は「せっかく」といいました。せっかくケガや病気で休む時間を持てたのだから……と、前向きに受けとめたそうです。似たような考え方をアメリカのシリコンバレーでもしますね。つまり、「失敗」とはいわずに「経験」といい、それだけ（成功の）可能性が上向いたと受けとめるのです。

実は日本には失敗を恐れる風土があるんです。でも失敗は成功のもとですよ。少し失敗したくらいで誹謗中傷しちゃいけません。むしろよい体験をしたと励まし、褒めてあげるようでなくちゃ、日本の将来はよくならないと私はつくづく思うんです。

第七回　三明寺の坐禅会

――普勧坐禅儀と百尺竿頭進一歩

今回は坐禅会でよくお話しする「普勧坐禅儀《ふかんざぜんぎ》」や禅の言葉について少しご紹介します。なんだか難しそうな書名ですが、「あまねく勧める坐禅の正しい作法」という意味です。

さて、道元禅師はどのように禅の修行を究め、この書を著したのでしょう。また、「修行の行きつく先でさらに進める一歩」とは、どのような意味を秘めているのでしょうか。

道元禅師の普勧坐禅儀

道元禅師が禅の修行をしたのは宋の時代の中国でした。とても優秀な人でしたが、海を渡った当時は未熟な学僧です。最初に出会った典座《てんぞ》（賄いの役僧）と話しますが、ほどなく「あなたは禅どころか、お経一つわかっとらん」とコテンパンにやっつけられたのです。

それでも道元禅師は一心不乱に学び、天童山での厳しい修行を経て師（天童如浄《てんどうにょじょう》）の印証（指導者と認められた証。印可証明）を得ます。入宋から約四年の歳月が流れていました。

道元禅師が学んだのは「坐禅」を修行の正門とする中国の曹洞宗です。現代風にいえば、彼は坐禅による禅修行の第一人者として帰国したのです。

「原《たずぬるに》夫《それ》道本円通《どうほんえんづう》、争《いかでか》仮修証《しゆしようをからむ》（もとより真理は無限に行き渡っている。どうして修行で悟りを求めることがあろうか）」で始まる「普勧坐禅儀」は宋で得た「真実の要点」を集めた坐禅の指南書で、帰国後の道元禅師が初めて著した書でもありました。ですから、三明寺でも坐禅会のときには大切な部分をお話しするようにしています。原文は四六駢儷体《しろくべんれいたい》という流麗な文体ですが、皆さんにとって読みやすいとはいえませんね。でも今では現代語訳や注釈書だってありますから、それらを一読されますと、坐禅がいっそう身近になると思いますよ。

修行の先でさらに進む一歩

三明寺の坐禅会では「普勧坐禅儀」以外にも、意義深い禅語をご紹介しています。自分自身の勉強にもなりますしね。そんなとき、思わぬ発見をすることもあるんですよ。先日もある言葉について〝思っていた解釈と違う〟と申しますか、より広い意味があると知りました。坐禅会のつもりでご紹介しましょう。

それは大河ドラマ「おんな城主直虎《なおとら》」にも出てきた「百尺竿頭進一歩《ひやくしやくかんとうしんいつぽ》」という、臨済宗で重んじる宋の禅書『無門関《むもんかん》』（第四十六「竿頭進歩」）をもとにした禅語でした。

ちなみに曹洞宗では坐禅を修行の正門としますが、臨済宗では公案という禅問答を重視します。理解困難な対話と思われがちですが、実は師から弟子に以心伝心で仏法を伝えるための修行法なんですね。禅では仏法の真髄を伝える際、文字（お経などの書）では不可能で、以心伝心でのみ可能と考えます。これを「不立文字《ふりゅうもんじ》」「教外別伝《きょうげべつでん》」などといいます。

さて、この〝百尺竿頭〟とは長大な竿の先の意味です。しかし禅語として考えれば、禅僧が修行を重ね、行きついた境地という意味になりましょうか。そこからさらに〝進一歩（一歩進む）〟というわけです。

何十メートルもの竿の先端から踏み出せば、そのまま落下して死んでしまいそうですね。ですから私は「竿の先から飛び降りるぐらいの気持ちで修行するのが悟りへの道だ」という意味にとらえていました。すなわち「すべてを捨て、離れる覚悟」です。

実際、道元禅師の説示を記録した『正法眼蔵随聞記《しょうぼうげんぞうずいもんき》』には「百尺竿頭……」の言葉を引用した箇所が複数あり、「三巻」の冒頭では〝学道の態度〟について、「五巻」では〝出家の心構え〟について私とほぼ同様な意味で例えています。

しかし、見方によっては別の解釈もできるんですね。それは〝仏道修行〟においてですが、竿の先へ一歩踏み出してたどり着く先がどこかといえば、実はもとの場所、ということなんです。いわば、初心に返るってことなんですね。

上求菩提下化衆生

初心に返るということは、つまり修行を始めた原点を意味します。修行の行きつく境地で満足し、停滞してしまえば悟りを得たことにはなりません。さらに歩を進め、原点に返って衆生の救済を目指すのです。これすなわち菩薩道のことですね。

仏教に「上求菩提《じょうぐぼだい》、下化衆生《げけしゅじょう》（上に向かって真理・智慧を求め、下に向かって衆生を教化する）」という言葉がありますが、まさにこのことを端的に表現しています。平安後期の天台僧、恵心僧都源信《えしんそうずげんしん》の『往生要集《おうじょうようしゅう》』（上末）には「仏になろうと願う心（願作仏心《がんさぶつしん》）を上求菩提下化衆生の心と名付く」とあり、いわば仏道修行の実践そのものを指しているのです。

なるほど、こういう解釈が成り立つのかと驚かされました。このとき、自ら日々修行に励み、一方でどなたにも寄りそって話を聞いていくことが私にとっての「上求菩提、下化衆生」だと気づきましてね、「進一歩」を心がけながら日々を過ごせたらいいなあと思い、今回は坐禅会と同じような気分でお話ししました。

第八回　白隠禅師

――坐禅和讃の意味

今回は拙著『やすらぎ説法』でも登場しました白隠《はくいん》禅師についてです。とくに白隠禅師の書いた「坐禅和讃《ざぜんわさん》」について少しお話ししたいと思います。

二五〇年遠諱

平成二十九年十一月、白隠禅師の生誕地（沼津市原東町）で「無量堂」の落慶式が行われました。ちょうど白隠禅師の二五〇年遠諱《おんき》にあたっており、臨済宗妙心寺派がその記念事業として御堂の建立と整備をしたわけですね。

五〇回忌以後の年忌法要を遠諱といい、高僧などの場合、五〇年ごとにします。臨済宗妙心寺派にとって白隠禅師は「中興の祖」ですから、記念事業をするのもうなずけますね。

その白隠禅師は禅について実に平明な表現をしました。私は曹洞宗の僧ですから坐禅会では「普勧坐禅儀」の話をよくしますが、白隠禅師の「坐禅和讃」だってよく読むのです。

この「和讃」というのは、仏様や菩薩、高僧の教えや事績をたたえた言葉です。多くは七五調の句からなり、浄土真宗を開いた親鸞は四句（以上）で一章（一首）としたらしいですね。ただ、必ずしも句の数が決まっているわけではありません。

よい機会ですから、白隠禅師の「坐禅和讃」をご紹介しましょう。

坐禅和讃

衆生《しゅじょう》本来仏《ほんらいほとけ》なり　水と氷の如くにて　水を離れて氷なく　衆生の外に仏なし
衆生近きを知らずして　遠く求むるはかなさよ
譬えば水の中に居て　渇を叫ぶが如くなり　長者の家の子となりて　貧里に迷うに異ならず
六趣輪廻《ろくしゅりんね》の因縁は　己が愚痴の闇路なり　闇路に闇路を踏みそえて　いつか生死《しょうじ》を離るべき
それ摩訶衍《まかえん》の禅定は　称歎《しょうたん》するに余りあり
布施や持戒の諸波羅蜜《しょはらみつ》　念仏懺悔修行等　その品多き諸善行　皆この中に帰するなり
一坐の功を成す人も　積みし無量の罪ほろぶ
悪趣《あくしゅ》いづくにありぬべき　浄土即ち遠からず
辱《かたじけな》くもこの法を　一たび耳にふるゝとき　讃嘆随喜《さんたんずいき》する人は　福を得ること限りなし
況《いわん》や自ら廻向《えこう》して　直に自性《じしょう》を証すれば　自性即ち無性にて　已《すで》に戯論《けろん》を離れたり

因果一如の門ひらけ　無二無三の道直し
無相の相を相として　往くも帰るも余所《よそ》ならず　無念の念を念として　歌うも舞うも法の声
三昧《さんまい》無礙《むげ》の空ひろく　四智円明《しちえんみよう》の月さえん
この時何をか求むべき　寂滅現前《じやくめつげんぜん》する故に　当処即ち蓮華国　この身即ち仏なり

坐禅和讃の概説

〝衆生〟とは全ての生物を意味しますが、ここでは主に悟りに至らぬ人間を指すと考えていいでしょう。「（衆生とは）もともと仏性を備えた存在である」というのが禅の考え方ですから、悟りを得た者とそれに気づかぬ人間を水と氷の関係にたとえているのです。

これは実にうまい表現ですよね。本来、人は水のように自由なはずなのに、煩悩があるため悟りに至らず、氷のように不自由です。氷と水は一見異なる存在のようですが、氷が溶ければ実は水であったことがわかるのです。初めの四句はこのことを意味し、次の二句で「自分の内という近くにある仏性を遠くに求める矛盾」を諭し、嘆いています。

三行目ではその矛盾を「水中にいるのに喉が渇いたということ」「お金持ちの家に生まれて貧民窟に迷っているのと同じ」と表現しているのです。とくに後者は法華経の信解品《しんげほん》にある「長者窮子《ちょうじゃぐうじ》」の例え話に由来しています。

四行目の「六趣輪廻」というのは「輪廻転生」のことです。私たちは地獄・餓鬼・畜生・修羅・人間・天という六迷界への転生を繰り返しますが、その因縁は自身の愚かさ（愚痴）の闇路より起きるというのです。これを放置せずに本来の仏道に立ち返り、輪廻転生の因縁を断って生死を超えるべきだというのが次の部分です。それこそが仏教の理想の境地ですね。

では、本来の仏道に立ち返るにはどうすればよいというのでしょう。

具体的に書かれていませんが、「坐禅和讃」の文中である以上、「坐禅」であることは明白です。白隠禅師は「自らの仏性に気づき、本来の姿となること。それが坐禅の一行なのですよ」と諭しているのです。紙面の関係で全てを説明できませんが、結局、「汝自らを知れ」という言葉に通じています。よろしければ、本書の第一四回をお読みくださいね。

今回は前著に続いて白隠禅師の話をいたしました。坐禅会の前などに思い出していただければうれしいですね。なお、令和四年現在、原地区には沼津市によって「白隠の道」が整備されております。もし当地へお越しになる機会がございましたら「無量堂」にもお参りいただき、よい人生を送れるよう手を合わせてくだされればなあと思います。

第九回　会津・コロナの掟
――ならぬことはならぬものです

今、世界はコロナ禍のなかにあって感染拡大防止に取り組んでいます。今回は会津若松で話題になったユニークな感染対策と地域の伝統についてお話ししたいと思います。

会津・コロナの掟

次に掲げるのは会津若松の「広田タクシー」という会社で考えられた感染対策です。会津の人なら誰でも笑みを浮かべながらすらすらと読むことでしょう。まずは〈　〉の部分を飛ばして読んでください。そちらについては後述いたします。

「会津・コロナの掟」〈什《じゅう》の掟《おきて》　会津藩の幼年者教育〉

一、決められた対策・方針に背いてはなりませぬ
〈年長者《としうえのひと》の言ふことに背いてはなりませぬ〉

二、マスクと手指消毒、うがいをしなければなりませぬ
〈年長者にはお辞儀をしなければなりませぬ〉

三、恐れるに足らずなどと言うことはなりませぬ
〈嘘言《うそ》を言ふことはなりませぬ〉
四、不確かなデマを言いふらしてはなりませぬ
〈卑怯な振舞《ふるまい》をしてはなりませぬ〉
五、陽性者を誹謗中傷したりいじめてはなりませぬ
〈弱い者をいぢめてはなりませぬ〉
六、大人数で食事をしてはなりませぬ
〈戸外で物を食べてはなりませぬ〉
七、大声で飛沫を飛ばしながら言葉を交えてはなりませぬ
〈戸外で婦人《おんな》と言葉を交へてはなりませぬ〉
ならぬことはならぬものです〈ならぬことはならぬものです〉

いかがですか。言い回しなどに歴史を感じますよね。その理由をお話ししましょう。

旧会津藩「什《じゅう》の掟《おきて》」

白虎隊で有名な会津藩には「日新館《にっしんかん》」という子弟の学び舎（藩校）があり、これに入学す

る前の幼年者（六歳から九歳）は仲間とともに倫理・道徳を学びました。

この仲間というのは近隣の幼年者が一〇人ほど集まったグループで、これを「什」といいました。そのなかでいちばんの年長者が什長となり、毎日自分たちの家に仲間を集め、藩士としての心構えを標語にして話し聞かせたのです。それが〈　〉内にある「掟」であり、「什の掟」と呼ばれていました（ここで〈　〉の部分だけを読んでみてください）。

そして毎日、「什の掟」に背かずにいられたかどうか、反省会をしたわけですね。もし、違反者がいたら、話し合いの末に子どもらしい「罰」を決めたそうです。

たとえば「無念」というのがあります。いちばん軽い罰で、違反者は「（藩の名誉を汚してしまい）無念でありました」と仲間に言い、頭を下げました。そのほか、竹篦《しっぺい》（シッペ）や派切《はぎ》る（絶交）などがあったようですが、重い罰はめったにありませんでした。

これでおわかりと思いますが、「会津・コロナの掟」というのは、〈　〉内にある旧会津藩の「什の掟」になぞらえてつくられたのです。

どうしてそうしたかといえば、簡潔でわかりやすいことはもちろんですが、今も「什の掟」が会津地方で有名だからでしょう。事実、公共の場に「ならぬことはならぬものです」

と書かれた張り紙があるなど、現代でも土地の暮らしのなかに定着しているのです。ですから「コロナの掟」は感染対策を抵抗なく投げかけられると同時に、歴史的なユーモアを感じさせてくれるのですね。

会津人気質と掟

「什《じゅう》の掟《おきて》」が今も定着しているのには、会津の人々の気質が影響しているのかもしれません。土地の新聞や広報などを読むと、「人見知りで閉鎖的」「頑固」などとよく書かれています。江戸時代からの「掟」を長く守っているわけですから、そんな気質の影響もありそうですね。ただ、それらは「情が深い」「辛抱強い」ことの裏返しなのです。

実際、同地には「会津の三泣き」という言葉があって、①会津に移り住むと閉鎖性に泣き、②慣れてくると会津の人々の情に泣き、③会津を去るときには離れがたさに泣く、というのだそうです。

旧会津藩「什の掟」と聞くと少し封建的に感じますけど、どれも日本人の伝統的倫理観そのものですし、現代にも通用する内容が多くあります。会津の人々が守ってきただけのことはあるわけですね。新旧どちらの掟もすばらしいと感じ、ご紹介いたしました。

第一〇回　澤木興道老師
――宿なし興道の生涯

今回は波乱の人生を送りながら仏道一筋に生き、全国に坐禅を広めた澤木興道《さわきこうどう》老師についてのお話をします。生涯、特定の寺を持たず、「宿なし興道」と称された人物です。

波乱の生いたち

澤木老師は数奇な生涯を送った方ですが、その波乱な人生は幼少期から始まっていました。老師は明治十三年、三重県に生まれます。生家の姓は多田で、少年時代の老師は多田才吉といいました。六人きょうだいの末子でしたが、そのうち三人は早くに亡くなってしまいます。さらに才吉が八歳のとき父を亡くし、叔父夫婦の家にもらわれていきました。ところが、半年後に叔父までが亡くなり、澤木という提灯屋へ養子に出されます。ところがその家は遊郭の裏町にあり、才吉は博打場の見張りなどをさせられました。養父の文吉は提灯屋とは名ばかりのバクチ打ちであり、養母は年を取った女郎だったのです。

十三歳でなんとか小学校を出た才吉は養父母の代わりに本業の提灯屋に精を出すようにな

りました。そんな日々を送る才吉は無常観に浸っていきますが、一方、隣家の表具屋一家には不思議なほどの教養と清貧さがありました。才吉はそこの子と歴史を学び、四書五経や古典を読んだのです。求める真実と現実の乖離に苦しみ始めた才吉は、やがて澤木の家を出て、徒歩、曹洞宗大本山「永平寺」に向かったのでした。

既成概念を破った移動叢林《いどうそうりん》

仏教の勉強を始めた才吉は十八歳で得度し（法名「興道」）、各地の修行道場で学びました。やがて坐禅のすばらしさに気づいた澤木老師はこれを広めるようになり、乞われるまま全国を巡って坐禅会を開くようになります。その坐禅はすなわち禅の相伝であり、学問とは違って物覚えのいい者に伝わるわけではありません。ロウソクから松明に移された火のごとく、異なる個性にあっても火は火のままです。道も同じく過去から未来へ伝わっていくことがすなわち禅であり、（釈尊の伝えた）数千年前の道が今の生活に生きていきます。そして、これをどのように習練するかが、坐禅の仕方なのです（『禅の道』）。

この澤木老師は生涯、自らの寺を持ちませんでした。この既成概念を打ち破る姿は「移動叢林」とも言われましたが、老師にとっては、自らの生活の創造といえたでしょう。老師は常々「出家者は自己の生活を創造する人間であらねばならない」と言っていたのです。

昭和十年、澤木老師は駒澤大学の大森禅戒《おおもりぜんかい》学長に乞われ、同大学の教授となります。昭和三十八年までの二十八年間、卒業した学生のすべてが澤木老師の坐禅指導を受けました。彼らのなかに優秀な仏教者や大学教授などが数多くいたことは、ここであえて書くまでもないでしょうね。

ゆきつく所へゆきついた人生

澤木老師の人生を見ると、やはり人の本性とは、世間一般の基準である地位とか学歴、財産などで判断できるものではないのだと考えさせられます。なにしろ、澤木老師は高等教育など受けたことはありませんし、寺の住職ですらない「宿なし」でした。

そんなふうに考えたとき、拙著『やすらぎ説法』でご紹介したＣｏＣｏ壱番屋の創業者、宗次徳二《むねつぐとくじ》氏のことを思い出しました。もともと孤児だった宗次氏は澤木老師と同様、ギャンブル好きの養父のために極貧生活を強いられていました。しかし、既成概念を打ち破る独創的な起業により、ＣｏＣｏ壱番屋を巨大チェーンに育てたのです。

現在はその経営から身を引き、クラシック音楽を広めることに限定した「宗次ホール」の代表を務めておられます。音楽を聴けるところは少なくありませんが、クラシックを至近距離で聴くことに特化し、そのための専用の音響設備を整えたところはほかにありません。自分の道を独自の創造力をもって進んでいく宗次氏は、澤木老師の「自己の生活を創造する人間」という言葉を強く連想させます。もちろん、宗次氏は出家者ではありませんが、それに近い求道者のおもむきを感じるのです。

もしかしたら、仏道とか禅にかかわらず、独自の生活を創造し、自ら求める方向に道をつくり、これを伝えようとする人たちは同じような場所に行きつく、といったことがあるのかもしれません。澤木老師はこんなふうにも言っています。

「仏法とは、ゆきつく所へゆきついた人生を歩ませる宗教だ」（『宿なし興道法句参』）

澤木興道老師が行きついた坐禅、そして、宗次氏が行きついたクラシック。彼らは行きついた人生で信じるものを伝え、過去の境遇を恨んだり言い訳にしたりしませんでした。

こんなふうに生きた人たちがいると考えれば、人生の方向性は環境によってすべて決められるものではないという希望が湧いてきます。やはり、自分自身の心の持ち方によって、よい方向に変えていけるのではないかと思うのです。

第一一回　日本でいちばん大切にしたい会社
――究極の幸せについて

今回は平成二十年ごろに話題になった『日本でいちばん大切にしたい会社』という本からのご紹介です。同書はもっとも価値ある企業経営がなされている会社を紹介しています。令和二年の時点で七巻が刊行され、発行累計七〇万部を突破しました。

企業経営と五つの言い訳

著者は法政大学大学院の坂本光司《さかもとこうじ》教授で、企業経営とは「五人に対する使命と責任を果たすこと」と書いています。すなわち、①社員とその家族を幸せにする、②外注先・下請け企業の社員を幸せにする、③顧客を幸せにする、④地域社会を幸せにし、活性化させる、⑤株主を幸せにする、という五つの使命と責任で、番号は優先順位を示します。

直感的に「企業なら顧客の幸せが①では」と考えがちですが、坂本教授は〝社員が自社に不満や不信を抱いているようでは、顧客満足など不可能〟とその理由を書いています。外注先も同様で、〝値下げの強制などで反感を買えば、結果として発注者自身が困る〟というのです。たしかにその通りですね。教授は「多くの会社が五つの順番を勘違いしているから失敗している」とはっきり書いています。

その教授が研究した企業は一冊目の執筆時点で六〇〇〇社を超えていたそうです。取材中、涙があふれるほど感動させられた企業家を見いだした一方、〝被害者意識に凝り固まった他力本願タイプ〟の企業経営者にも遭遇しました。そして後者には特徴があり、経営難の言い訳を五つの外部要因に求めていました。すなわち、①景気や政策が悪い、②業種・業態が悪い、③（他企業より）規模が小さい、④ロケーションが悪い、⑤大企業・大型店が悪い、などです。さらに本来もっとも優先すべき社員や下請け企業、顧客などへの思いが薄弱だという共通点もあったのです。まさに教訓にあふれた結果ですね。

人の究極の幸せとは

坂本教授が著書で最初に紹介したのは神奈川県の「日本理化学工業株式会社」でした。戦前から（黒板に字を書く）チョークを製造している会社で、雇用社員の実に七割以上が障害者という稀有な企業です。同社の障害者雇用は五〇年ほど前から始まりました。

当時、ある養護学校の女性教諭が「知的障害をもつ少女二人に働く喜びを与えてほしい」

と生徒の求職のため同社を訪れたそうです。しかし、応対した大山さん（専務）は「現在の会社に障害者を雇い、幸せにしてやれるだけの力があるだろうか」と迷い、自信を持てません。結局、一週間の就職体験をすることに同意したのみでした。

やがて就職体験の終了日を迎えます。すると、社員たちが「話があります」と大山専務を取り囲み、二人の少女を正社員に採用してほしいと訴えてきました。彼女たちにできないことがあればみんなでカバーすると、それが自分たちの総意だというのです。

障害者二人は簡単なラベル貼りをしていましたが、仕事に没頭するあまり休憩時間も手を休めようとしませんでした。終業時間になっても同じです。そんな二人の表情は幸福そのものので、これが社員たちの心を動かしたのでしょう。

全社員のたっての願いで、大山専務は二人の障害者を正式に採用しました。その少女たちは毎日始業一時間前にやってきて、嬉々として仕事に励みます。それを見て、「施設で楽に暮らしたほうが幸せだろうに」と首をかしげる大山さんでしたが、ある日、法要のため行った禅寺の住職から本当の幸福というものを教えられることになります。

「人の幸福とは、人に愛され、人に褒められ、人の役に立ち、人に必要とされることです。

後の三つは施設では得られないでしょう。それらは働くことで得られるのです」

衝撃だったそうです。人間にとって本当に〝生きる〟ことの意味を悟ったのですからね。

以来、大山専務は「障害者にその場がないなら提供しよう」と決心し、それこそが会社の存在意義、社会的使命だと考えるようになりました。

五〇年前、大山専務は障害者を雇用しても、幸福にできるのかどうか迷っていました。しかし、職場の提供自体が彼らの究極の幸福につながるとわかったのです。やがて社長となる大山専務が障害者雇用を増やしたのは必然ですね。そしておわかりでしょうか、大山氏はもっとも優先すべき〝社員の幸福〟を第一に考え、それを貫いているのです。

ちなみに同社はチョークのメーカーですから、需要の減ってきた現代では厳しい業種といえるでしょう。でも、〝業種が悪い〟なんて言い訳をしません。品質向上や新製品開発に努力し、製造工程を障害者に合わせて工夫しながらシェア日本一を守っています。

『日本でいちばん大切にしたい会社』第一巻には同社ほか五社が掲載されており、「五つの言い訳」が実は言い訳にならないことを証明しています。真の幸福のこと、将来のこと、就職のことなど、何か指標がほしくなったら試しに読んでみてくださいね。

第一二回　三明寺のペット供養と新盆

――ペットブームと動物愛護

三明寺では一〇年ほど前にペット供養を始めまして、新盆もするようになりました。今回はそんな機会に考えさせられたことについてお話しいたします。

高齢化とペットブームの加速

日本だけでなく中国にもペットブームが来ているそうですね。過去二〇年くらいからブームが加速し始めまして、近年、他業種の企業が続々とペット産業へ参入しています。

日本でも少子高齢化とともにペットブームが加速しており、ペット供養の件数も少しずつ増えています。やはり、日々の暮らしのなか、潤いというのでしょうか、愛情を注ぐ対象や話し相手がわりになる存在が欲しくなるのでしょう。

一方、若い方でもコロナ禍を背景にペットを飼うケースが増えたそうですね。もともと結婚数の減少や結婚時期の遅延からひとり暮らしをする方も多く、需要は増加傾向にあったわけです。当然でしょうけど、関連産業が伸びていますよね。ドラッグストアやスーパーにはたいていペット用品コーナーがあって、たくさんの商品が並べられています。ペット産業で後発の中国では、こういった日本の商品に注目しているらしいですよ。

三明寺のペット供養と新盆

戦後、日本にペットブームが到来したのが、昭和三十年代の高度成長期からでした。生活や文化が急速に欧米化し、ペットへの接し方や飼い方も変わりました。昔の日本ですと、イヌは〝番犬〟でしたし、ネコは〝ネズミ対策〟だったのです。戦前の獣医さんといえば、馬や牛といった産業用動物を診るのが一般的でした。

ところが、ペットブームにより、イヌやネコはだんだん家族の一員として迎えられるようになりました。海外の品種がたくさん入ってきて、イヌなんて大型から超小型まで実に多種多様です。昔は屋外で鎖につないでいましたが、今では家のなかで飼い、同じベッドで眠ります。もはや家族も同然になりまして、最近、「ペットロス」などという言葉が出てきました。ペットを亡くすと、家族か自分の一部を失ったかのような喪失感に苛《さいな》まれるのです。ペットの寿命は短いですから、失う場面は高い確率でやってきます。

そんなことが背景になり信者さんからの要望を取り入れ、三明寺でもペット供養をするようになりました。人間と同じように法要をすることで飼い主が気持ちを整理できるとすれば、それはとても大事なことだと考えたのです。人にせよ動物にせよ、亡くなった命は戻りません。残された飼い主は自分自身を納得させ、立ち直っていかねばなりませんからね。

それからペットの新盆も始めてみたんですよ。人間の場合、亡くなって初めてのお盆に新盆供養をしますね。やってみると、驚いたことに人のときよりたくさん来られるのです。「東京に娘がいるから、一日待ってくれ」といった類の話もかなりありました。遠くにいても、そのペットを可愛がっていた方と一緒に来たいというわけです。変化したのは飼い方だけではないんです。ペットへの思いや思い出がそれほど大切になったのです。

すべてのものには仏性がある

ペットブームの裏で困ったことも増えてきましたね。家族同様に飼う人がいる一方、途中で棄てたり、虐待したりする人が出てきました。そのせいでしょう、「動物愛護法」が改正されました。動物虐待の定義が明確化され、刑罰が重くされたのです。仮にイヌやネコを虐待して殺傷した場合、五年（それまでは一年）以下の懲役か五〇〇万円（それまでは一〇〇万円）以下の罰金とされたのです（同法四四条）。さらに傷つけられた動物の身元がわかるよう、皮下にマイクロチップを埋め込むことも決められました。

たしかに、こういった制度改正は大切なことですが、むしろより大事なことは、ペットを飼おうとする人の心構えといえるでしょう。今やペットはともに暮らす一つの大事な生命です。仏性を内在する「衆生」と心得て、存在そのものを尊重せねばなりますまい。

これを言葉で表現すると、「草木国土《そうもくこくど》悉皆《しっかい》成仏《じょうぶつ》」ということになるでしょうか。この言葉は「草や木、土のごとく心をもたぬものにも仏性があり、ことごとく仏となりうる」といった意味になります。もともとは涅槃経《ねはんぎょう》にある「一切《いっさい》衆生《しゅじょう》悉有《しつう》仏性《ぶっしょう》」（すべての生き物は仏性を有する）を発展させた言葉で、まさにペットと生きようとする私たち人間が持つべき心構えに通じるものといえるでしょう。

国際的な比較をすれば、日本は動物愛護の分野で遅れています。すでにヨーロッパでは動物の売買が許可制ですし、ペットをショーウインドーで展示販売するなど稀なことです。むしろ事情によって飼われなくなった動物の譲渡会がたいへん盛んなのです。日本にも動物の譲渡会はありますが、規模においてその比ではありません。今回はペットについての制度や倫理観など、供養や新盆を通して考えさせられたことをお話しいたしました。

第一三回　震災復興　南三陸町の漁業革命
――日本初のＡＳＣ国際認証

今回は東日本大震災からの復興と美味しい牡蠣についてのお話をします。舞台となるのは宮城県南三陸町戸倉地区の志津川湾、マガキの養殖が盛んなところですね。震災の津波によって壊滅した牡蠣養殖はすばらしい逆転の発想とともに復活しました。

漁業革命がもたらしたもの

戸倉地区では震災からの復興過程で、地域産業である牡蠣養殖の課題に向き合い、大きな改革を決断します。まずは、それがもたらした効果をお話ししましょう。

いちばんの成果は養殖牡蠣の成長速度です。震災前、出荷までに三年ほどかかっていた養殖期間ですが、なんと一年に短縮されます。三年物ほど殻が分厚くならないため、殻むきの作業効率も大きくアップしたそうです。

次に、養殖イカダを震災前の三分の一に減らしたにもかかわらず、生産量が倍増し、漁業者それぞれの収入が一・五倍ほどに増えました。それに加え、船の燃料費などを含め、かかる経費が四割ほど減少しました。必要な労働量だって以前の半分ほどに激減したそうです。おまけに、イカダ数が少なければ、台風など災害リスクの軽減につながります。驚くほど、いいことばかりですね。

まだあります。イカダの減少によって環境負荷が軽減され、湾内の汚濁の防止につながりました。そして、よい環境のなかで健康に育った戸倉の牡蠣は商品価値を高め、「戸倉っこかき」というブランド商品に成長したのです。この改革は国から高く評価され、令和元年度の農林水産大臣賞の最高賞「天皇杯」を授与されました。

復興に向けた葛藤と決断

震災前、戸倉地区の牡蠣養殖は決して良好な成績とはいえませんでした。漁業者たちは競ってイカダを増やし、その間隔はわずか一〇～一五メートルでした。すると徐々に養殖期間が長引くようになり、それを補おうとまたイカダを増やしていました。毎年、台風などで何割かが被害に遭いますが、それを見越してまた増やしました。質より量を優先したわけですね。湾内にはびっしりイカダがひしめき合っていましたが、東日本大震災はそのすべてを破壊してしまったのです。

震災後、戸倉地区の漁業者は再開に向けた話し合いを重ねます。異なる意見が飛び交うなか、「イカダの数を減らし、共同経営にしよう」という方向性が出てきます。目指すのは量より質、そして持続可能な養殖形態です。

とはいえ、懸念は少なからずあったそうです。今まで競い合っていた者が共同作業をできるのか、また、少ないイカダで皆が暮らしていけるのかなど、不安は尽きません。しかも、震災前と同等に復興させるなら国から九割の補助金が出ますが、数を減らすとなるとそうはいきません。だったら元通りでいい、という人だっていたでしょう。

それでも、彼らは養殖イカダの間隔を四〇メートルにまで広げる決断をしました。イカダの数にすれば震災前の三分の一にするという、まさに大改革です。その結果、何が起きたかというと、湾内の環境が、つまりは栄養状態が改善したわけですよね。

震災前、過密状態だった牡蠣たちは栄養不足に陥り、それらが海底に落とした大量の排泄物が海水の酸素濃度を低下させていました。そんな状態の牡蠣の品質がいいわけもなく、現実には宮城県内で最低ランクだったそうです。ですから、改革後の変化はさぞ劇的だったでしょう。先に述べたように、すべてが改善され、収入まで増加したのですからね。

彼らは養殖漁業の持続可能性を優先し、海洋環境に配慮する改革を実行しました。さらに、後継者のいる漁業者へ優先的にイカダを割り当て、世代を超えた持続性にも配慮しています。これらの結果、水産養殖管理協議会（ＡＳＣ）という国際的な非営利団体が発行するエコラベル取得の基準を満たすことになりました。これが、いわゆるＡＳＣ国際認証で、日本では初となる快挙でした。

地球の水産資源はすでに危機的な状態だそうです。全体の六割が〝限界〟を迎え、三割強が〝獲りすぎ〟の状態です。獲っても大丈夫な水産資源は一割もありません。だから養殖漁業が推進されるのですが、現在の養殖にはまだ課題があるのだそうです。

その課題の一つが天然資源に頼っている部分があるという点です。たとえば養殖ウナギといっても、その稚魚は天然のものですし、養殖ブリに与えるエサは天然の魚をとってつくった魚粉だというわけですね。そんな課題を克服して「責任ある養殖」を広めるため、ＡＳＣは基準を管理しているのだそうです。養殖漁業が盛んな日本で初の認証取得とは少し意外な思いもありましたが、なるほどそれも納得です。それだけに戸倉地区の皆さんの決断は大変に理性的で、すばらしいなと思ったのです。

第一四回　ソクラテスと禅
――汝自らを知れ

今回は古代ギリシアの有名な哲学者ソクラテスと禅についてお話ししましょう。ソクラテスと仏教に直接の関係はありませんが、両者には少し似た考え方があるのです。

ソクラテスの言葉

西洋哲学史上、もっとも有名な人の一人がソクラテスですよね。そもそも哲学とは英語のフィロソフィーの訳語であって、フィロソフィーの語源は古代ギリシャのフィロソフィアなんです。このフィロソフィアとは「知ること（ソフィア）への愛（フィリア）」を意味しており、知ること（知恵）への追究が哲学だというわけです。古代から中世では学問そのものを意味しておりましたが、現代では倫理や人の生き方、あるいは物事の原理などを指すことが多いですね。

ソクラテスと聞くと、「汝《なんじ》自らを知れ」という言葉を思い出す方が多いでしょう。アポロン神殿の柱に刻まれていたという古言です。ソクラテスはこれを「自分の無知を知れ」という、人としてあるべき生き方の道標と解釈しました。これを「無知の知」といいます。

あるとき、デルポイの神殿でソクラテスの友人の一人に「ソクラテス以上の知者はいない」という神託が下されました。これに疑問を持ったソクラテスは神託の真偽を確かめるため、自分より優れた者を探すことにしました。

当時、ギリシアにはソフィストと呼ばれる教育家がたくさんおり、論争や訴訟で巧みに勝つための弁論技術や教養を有料で市民に教えていました。ちょうど周辺諸国との交易が発展し始め、もともと農業国だったギリシアが商業国家へと変わってきた時期です。商いで富を蓄えた市民層が台頭するようになりますが、政治的な力をつけるには公的な場で支持を集めるための知識や弁論術を必要としたわけです。

ところが、ソクラテスと問答を始めると、ソフィストの誰もが人生の本質については無知だったと暴かれてしまいます。最終的にソクラテスは、「私は自分が無知であることを知っている」という点で誰よりも知者なのだと、神託の意味を理解したのでした。

ソクラテスは小手先の知識や技術ではなく、本質・本性を追究する生き方を主張しました。その前提として「自分のことを本当の意味で知りなさい」と説いたのです。

臨済義玄の言葉

中国、宋の仏書『臨済録』は臨済義玄《りんざいぎげん》（臨済宗の始祖）の語録です。その初めのほうに次のような部分があります。

「上堂云《じょうどういわく》、赤肉団上有一無位真人《しゃくにくだんじょうにいちむいのしんにんあり》、常従汝等諸人面門出入《つねになんじらしょにんのめんもんよりしゅつにゅうす》、未証拠者看看《いまだしょうこせざるものはみよみよ》」

（上堂は言った。人の体に無位の真人がいる。その者はいつも顔の門から出入りしている。まだその証に気づかぬ者はよくよく見るがいい）

上堂とは臨済義玄です。赤肉団とは本来は心臓のことで、ここでは人の肉体そのものを意味します。無位の真人とは人間の本性、釈尊の言葉でいえば人間本来に備わった仏性のことです。当然、それに〝位〟などの格付があるはずないですね。

面門とは口や耳です。人間がものを言い、音を聞くのは口が勝手に言うのではなく、耳そのものが聞いているのでもありません。常に肉体のなかにある〝真人〟が口で言い、耳で聞いているのです。臨済禅師は、「みんなが自らの肉体に仏性を宿しているが、まだそれに気づかぬ者はそのことをよくよく見てみよ」と言ったのです。

しかし、臨済禅師の言葉を理解できない僧は「〝無位の真人〟とは、どのようなものでしょうか」と質問します。すると、臨済禅師は「さあ、何か言ってみろ！」と、物わかりの悪い僧の胸ぐらをつかみました。つまり、何かを言えば、そうしたのが無位の真人ではないかと気づかせようとしたのです。それでもわからない僧を前に臨済禅師は失望し、「これら無位の真人もこれでは物の役に立たぬ」と言い残して去ります。最後まで「あなた方自身が無位の真人だ」と教えていますね。結局、「汝自らを知れ」ということです。

西洋哲学でも仏教でも、人の本質に対する考え方には共通部分があるわけです。実は仏教でいう「諸行無常」「輪廻転生」といった考え方は西洋にもあり、たとえばピタゴラス学派では輪廻転生からの脱出が最終的な人間の目的とさえ考えられたのです。

翻って現代の人間社会を見るとどうでしょう。現代人も人のことを社長だとか課長だとか金持ちだとか、そういう風にしか見ていません。本当はみんな平等で素晴らしい真人の集まりなのに、それをいろんなことで格付けして見るというのはおかしいですね。

ソクラテスも釈尊も人間の本質を見つめ、正しい生き方を追い求めました。その両者が同じことを言ったのです。〝汝自らを知れ〟という、彼らの考え方は現代にも通用するでしょう。まずは謙虚に自らを知り、その上で人の本質を見極めていきたいものです。

第一五回　池上彰氏の講演より

――コロナ禍のなかでどう学ぶのか

今回は池上彰《いけがみあきら》氏がなさった講演を伺い、「なるほどなあ」と感心した内容についてお話ししたいと思います。

池上彰氏と東京工業大学

池上氏については、テレビのニュース解説などでおなじみですので、ご存じの方も多いかと思います。現在はフリージャーナリストですが、信州大学や愛知学院大学で特任教授を、さらに日本大学や立教大学ほか多くの大学の客員教授を務められています。

また、東京工業大学（以下、東工大）ではリベラルアーツ研究教育院の特命教授として、新しい教養教育を通して人材育成に努めておられます。同教育院では、毎年、新入生向けに「大学で学ぶこと」を主題とする講演会をしており、今回、ご紹介するのはその令和二年の内容の一部です。ただ、この年には新型コロナウイルス感染拡大のためリモート講演となり、大学の閉鎖で講義もすべてリモートにせざるを得ませんでした。ですから、「コロナ禍のなかでどう学ぶのか」というのは大きなテーマだったでしょう。

孤独な学びの時間

もともと新入生に向けた講演ですから、まずは大学で学ぶ心構えについてていねいに解説されていました。そのなかで、中高生を「生徒」といい、大学生を「学生」というのはなぜか、その理由をわかりやすく説明されました。簡単にいえば、先生から教わるのが「生徒」であり、自ら主体的に学んでいくのが「学生」です。大学の先生の役割とは一から教えることではなく、学生の学びを手伝うことなのですね。

しかし、その年に入学した学生は大学に通えず、同じ大学に入った仲間とも会えません。池上教授はそれを「孤独」と表現されました。そして「人生のなかで孤独な学びの時間をもつことは、決してマイナスにはならない」というのです。

教授はその実例としてシェークスピアを最初に挙げました。かの文豪が活躍していた時代、英国ではたびたびペストが流行していました。すると、現代のコロナ禍と同様、彼の戯曲を上演していた劇場は閉鎖されました。いわば、シェークスピアは仕事を失った状態です。しかし、彼は失職と孤独のなかで構想を練り、新たな作品を仕上げました。有名な「ロミオとジュリエット」にはペストの流行が登場しているのです。つまり、ペストで劇場が閉鎖されたから、新作ができたと言えるわけですね。

また、ペストの流行はケンブリッジ大学で教えていたアイザック・ニュートンにも影響を及ぼしました。感染拡大で大学が閉鎖されると、ニュートンは故郷に戻ります。万有引力発見のきっかけになったリンゴが落ちたのは、このときなのだそうです。ニュートンはその実を見て、ふと「どうしてリンゴは落ちるのに、空から天体が落ちてこないのか」と疑問に思ったのですね。この歴史的な発見はニュートンが休暇中に見いだしたわけで、こういった状況を「創造的休暇」というのだそうです。

もちろん、池上教授は感染拡大を歓迎しているのではありません。ですが、過去の出来事を見ていくと、感染拡大期は歴史的な発見や創作がなされ、社会に大きな変革が起きる時期であると言っています。

なるほど、今のコロナ禍が過ぎたとき、それ以前と比べて社会に大きな変化が起きていることでしょう。働き方だって然りです。リモートワークをはじめとする働き方の改革は、政治家の唱えるお題目ではなく、コロナ禍によってもたらされたのですからね。

強いられた休暇のなかで

講演の最後で池上教授は新入生にこう言います。

「皆さんは大学の閉鎖により、いわば強いられた〝休暇〟のなかにいるわけですが、登校できなくなったことで実は思索の時間を与えられたのです。孤独に耐えながらさまざまなことに思いを巡らせることで、新しいことに気づくのではないでしょうか？　そして、現代における新たなニュートンが東工大から生まれてくることを期待しています」

私はこれを聞いて「なるほどなあ」と思いました。そして、自分でも創造的休暇を試そうといろいろ本を探しまして、渋沢栄一の『論語と算盤』を読み始めました。儒教（論語）と金勘定（算盤）なんて一見相反するものですけれど、儒教の教えで道徳的に人として生き、その上で経済活動によって社会をよくしていこうというのです。

渋沢栄一といえば、皆さんご存じのように、国鉄から企業まで何百もの設立や経営に携わった方です。まだ読書半ばですが、参考になることがたくさんありましたね。

今回、池上教授の講演はもちろん、渋沢栄一の本にも新たな学びがありました。コロナ禍でもさまざまなことができるのだと感心させられました。

第一六回　論語と算盤

――渋沢栄一から学ぶ

先日、現代語訳『論語と算盤』を求めましたら大変によい内容でした。今回はこの本と、これを口述した渋沢栄一についてお話ししたいと思います。

日本の大転換期に生きた渋沢栄一

渋沢栄一は天保十一年二月、武蔵国（関東）の豪農の家に生まれました。幕末には尊皇攘夷の志士だったようですが、後に徳川慶喜に仕え、慶応三年には遣欧使節の一員としてフランスやイギリス、オランダなどヨーロッパの六カ国を視察しています。先進諸国の政治・経済、近代的産業やその機械設備などを目の当たりにしたのがこのときです。

明治維新後、新政府から大蔵官僚として招かれた渋沢は、西欧で見聞して得た知識をもとに財政改革に尽力します。末は大臣といわれたらしいですが、明治二年、退官を申し出て商人に転身しました。当然、政府内の友人などから引き留められ、「賤しむべき金銭に目が眩むとは」と諭されました。〝士農工商〟を定めた封建時代の残照は未だ強く、商人を賤しく見る傾向がありました。〝官尊民卑《かんそんみんぴ》〟が常識だったわけです。

実業と道徳

しかし、渋沢の決心は翻りません。彼は日本の改革すべき分野のうち、「商売」の面がいちばん弱いと見ていたのです。最も低い身分だったのですから当然かもしれませんが、渋沢はこれを欧米諸国に太刀打ちできるまでに育てようとしていました。そうでなければ日本を豊かにはできませんし、その豊かさを永続させるためには社会道徳に基づく〝素性の正しい富〟を生み出さねばならないと考えていました。このときの信念が「論語と算盤」だったのです。〝論語〟とは〝道徳〟を意味し、〝算盤〟はすなわち〝商売〟を指しています。渋沢は「算盤は論語（道徳）でできている」とさえ言ったのです。

商売というものは歯止めの利かなくなることがありますよね。時に暴走して利をむさぼり、社会問題に直面するまで止まりません。かつての公害がそうですし、バブル崩壊後の不良債権やサブプライムローンに端を発したリーマンショックだってそうでした。海洋資源の多くが乱獲で絶滅に瀕し、化石燃料への依存が気候変動の原因といわれているのです。

近年は経済活動に道徳観念を導入する意識が高まり、資源保護、脱炭素、企業の社会的責任などが叫ばれ、「サステナブル（持続性ある）」とかSDGsなどという用語が輸入されています。これらは新しいもののように見えますが、渋沢は明治時代初期から道徳観によって経済活動の暴走を抑えようと提言していたはずです。

実際、こういったことは古くから繰り返されていて、渋沢は「……世の進歩に従って欧米各国から新しい学説が入ってくるが、その新しいといふは我々から見ればやはり古いもので、すでに東洋で数千年前に言っていることと同一のものを、ただ言葉の言い回しをうまくしているにすぎぬ」（筆者注：旧字体を新字体に修正しました）と口述しているんですね。もちろん、この〝数千年前〟というのは『論語』などを指しており、だから、彼はまずそれを熟読しなさいと言うわけです。

豊かな日本を永続するには

官職を辞した渋沢栄一は五〇〇余におよぶ企業の創立に関わり、近代的な組織へと育てていきました。その道徳観をもって経営の道筋を定め、他国の企業に負けぬよう指導して次の事業に向かいました。おかげで日本は豊かな国となり、私たちは渋沢栄一を「日本資本主義の父」と呼ぶことになったわけです。

ただ、物質的には豊かになった日本ですが、現在、どこか寂しさを感じることが多いのです。「豊か」とはいっても富裕層と貧困層の差が年々拡大しておりますから、そのせいもあるのかもしれません。しかし、物質的なこととは違う「倫理観」というのでしょうか、そんな部分に寂しさを感じるんです。前項で書いたように、最近はＳＤＧｓなど経済活動における道徳面の用語をよく聞くようになりましたが、日本が本当に豊かであり続けるためには、『論語』などが説く「人としてどう生きるか」といった部分が大切なのではないでしょうか。それがなければ、日本は「素性の正しい富」を失いそうな気がするのです。

だからといって、渋沢のように『論語』の熟読を勧めはしませんが、日々の暮らしのなかで倫理的な部分に違和感や喪失感を覚え、何か指針が欲しくなったら『論語と算盤』を手に取ってみてもいいと思うのです。彼は〝福祉活動の原点〟といわれる「養育院」（弱者救済のための福祉施設）の創立にも尽力したんですよ。彼の商人としての志は「人としてどう生きるか」という倫理観とつながっているのです。

今回は禅や仏教の話というより、『論語と算盤』という本の紹介のようになってしまいましたが、機会があったらぜひお読みいただきたいと思い、お話しいたしました。

第一七回　達磨忌に寄せて
――禅宗開祖のご命日

本書の第二回で釈尊のご命日を四月八日とお話ししましたが、本日、十月五日は達磨大師が入寂した日と言われています（十月五日の放送より）。禅宗ではこれを「達磨忌《だるまき》」といい、法会を執り行っています。今回はこの「達磨忌」にちなみ、達磨大師についてご紹介いたしましょう。

日本で親しまれてきた〝だるまさん〟

達磨大師といえば、真っ先に「起き上がり小法師」のだるま人形を思い浮かべますね。「たとえ失敗しても会社や店が潰れない」といわれる「七転八起」の縁起物です。願いがかなうと、目を入れる習慣がありますね。静岡県には「日本三大だるま市」の一つといわれる妙法寺（富士市）のだるま市があり、例年、多くの人で賑わっています。

一般に〝だるまさん〟は赤くてずんぐりしていますが、これは坐禅をしている達磨大師をモチーフにしています。体に塗られた赤い色にも意味があり、位の高い僧がまとう法衣の色だったといわれています。

縁起物の人形以外にも〝だるまさん〟はしばしば登場します。たとえば「雪だるま」がそうですね。三明寺がある静岡県南部ではあまり雪が降りませんが、もし積もればきっとあちこちでこれを見ることになるでしょう。また、顔に黒ヒゲのような模様のあるインコを「ダルマインコ」といいますし、「ダルマギク」という名の植物だってあります。

これほど親しまれてきた〝だるまさん〟ですが、達磨大師という人物についてはいかがでしょうか。次にちょっとだけプロフィールを紹介いたします。

達磨大師は王族の出身だった

達磨大師の正確な誕生日は不明ですが、五世紀ごろ、南インドの香至国《こうしこく》の王子として生まれたと伝わっています。釈尊と同じく王様の子どもだったのです。父王は熱心な仏教徒だったらしく、釈尊から数えて二七祖とされる般若多羅尊者《はんにやたらそんじや》に帰依していました。そして、この般若多羅尊者から英明さを見いだされたのが第三王子（後の達磨）でした。

ちなみに、「dharma（達磨）」と名付けたのも般若多羅尊者といわれています。第三王子は幼名を「菩提多羅《ぼだいたら》」といいましたが、その英明さと仏教への信仰心ゆえにこの名（達磨）

を授けられたわけです。仏教において「達磨」とは「人が実現するべき徳」「人として守るべき規範」などを意味し、仏法そのものに通じる特別な言葉です。仏教を保護したインドの王として有名なアショーカは「ダルマのまつりごとを行った」と言われますが、これは「仏法（人として実現すべき徳）にもとづく政治をした」ということなのです。

菩提達磨となった第三王子は二十歳前に出家し、般若多羅尊者に師事します。早くから悟りの境地に近づき、やがて師から仏心印を授かりました。仏心印とは以心伝心で授けられた〝仏の悟り〟を意味し、それに一切の変化がないことから禅宗では「印形」にたとえるのです。本書の第三回（五百羅漢）で摩訶迦葉《まかかしょう》と拈華微笑《ねんげみしょう》についてご紹介しましたね。それが仏心印の始まりといわれます。その摩訶迦葉は阿難尊者《あなんそんじゃ》にこれを授け、以後、代々伝えられるなかで二七祖の般若多羅尊者が菩提達磨に授けたというわけです。

中国禅宗の始祖

菩提達磨が中国に赴いたのが六世紀のはじめごろといわれます。すでに入寂していた師の指示によるものだったようですね。当時、仏教経典の一部を伝えられていた中国ですが、達磨がわざわざその地へ赴いたのには理由がありました。前項の「仏心印」でもおわかりのように、内証（心の内で悟りを得ること）は文字（経文や文献の意味）や理屈だけでは得られないからです。禅には実地の修行が必要であり、実践あってこその悟りなんですね。当時の中国では漢訳経典を研究し、知識や理屈をもって仏法のすべてとする風潮がありました。これに対し、中国における真の求道者《ぐどうしゃ》を探し求める達磨は禅の悟りをこう言いました。

教外別伝《きょうげべつでん》、不立文字《ふりゅうもんじ》、直指人心《じきしにんしん》、見性成仏《けんしょうじょうぶつ》

概説すると、「真の悟りは経典外で別に伝わり、文字では表せない。直に心を見つめ、見性（自己の本来の心性を見極める）することで悟りに至る」といった意味になりましょうか。

その後、菩提達磨は嵩山《すうざん》少林寺で九年間に及ぶ坐禅をいたします。これを「壁観婆羅門《へきかんばらもん》」とか「面壁九年《めんぺきくねん》」といいますが、そうするうちに真に仏法を求める四人の弟子（中国人）を得ます。そのうちの一人が師のあとを継いだ慧可《えか》大師であり、達磨大師を始祖とする中国禅宗の第二祖となったのです。

日本の禅宗は中国禅宗の流れを汲むわけです。仮に達磨大師が中国に行かなかったとしたら、日本曹洞宗や臨済宗、黄檗《おうばく》宗などは存在しなかったかもしれません。ですから私たちは達磨大師をとても大切に思い、達磨忌には法会を欠かさないのです。

第一八回　翻訳僧 玄奘三蔵
――般若心経の功徳

今回は「西遊記」で有名な三蔵法師「玄奘《げんじょう》」と般若心経《はんにゃしんぎょう》についてご紹介します。三蔵法師とは今の日本で読まれるお経や仏教文化の始まりに関わる人々なのです。

お経を訳したのは中国の僧侶たち

「般若心経」といえば、皆さんにとっていちばん身近なお経でしょうね。一般に漢字ばかりが長く続くお経のなかで三〇〇文字弱と短く、そのわりに内容は哲学的で、「空」についての教えを凝縮しています。なるほど写経の題材として最適なわけです。読者の皆さんも「色即是空、空即是色」という文言を聞いたことがあるでしょう。

ところで、なぜお経が漢字ばかりで書かれているかというと、中国を経由して伝わったためです。本書の第三回「五百羅漢《ごひゃくらかん》」でご紹介したように、お経の編纂は古代インド（天竺《てんじく》）で始まりました。ですから、もとはインドの古い言葉で書かれていたのです。これらの一部はシルクロードなどを通じて中国に伝わりますが、それを学ぶには中国語へ翻訳せねばなりません。実際に原典を漢訳した僧を仏典翻訳僧（以下、翻訳僧）といいました。

たとえば、四世紀から五世紀の有名な翻訳僧に鳩摩羅什《くまらじゅう》や法顕《ほっけん》三蔵がいます。前者は中国西域にある亀茲国《クチヤ》（現、新疆《シンキョウ》ウイグル自治区）の人で、父親がインド人でした。法顕三蔵は中国からインドや師子国《シンハラ》（現、スリランカ）に一四年間も旅をし、律蔵のお経を中心に持ち帰った僧です。翻訳した経典は膨大な数でした。伝奇小説「西遊記」で有名な玄奘三蔵は七世紀前半に天竺へ旅に出ました。法顕から二〇〇年ほど後の僧ということになりますね。

三蔵法師　玄奘とは

まず玄奘や法顕の名の前後にある「三蔵」「三蔵法師」ですが、これは特定の人を指す言葉ではありません。仏典は経蔵・律蔵・論蔵に分類されており、その三蔵すべてに精通した僧やそれらを翻訳した高僧をそう呼ぶのです。つまり、法顕や玄奘のほかにも三蔵法師はいたのですが、そのなかでもっとも有名なのが玄奘というわけですね。

玄奘は七世紀初め、隋から唐の時代の中国に生まれました。幼少期からその聡明さを知られた玄奘は若くして出家し、二十歳で具足戒《ぐそくかい》を受けました。

しかし、国内のあらゆる高僧に会って学んでみると、彼らがいずれも自説の主張に終始していることに気づきます。そこで玄奘はいずれが正しいのか経典を見比べますが、それらの間にある相違点のため判断できませんでした。

玄奘がインドへ行こうと考えたのは中国内の仏教にこうした疑問を抱いたためでした。仏典のみならず実践的修行法を学ぼうとも考えたでしょう。ところが、数人の仲間と天竺への旅を願い出たところ、政府は出国を許可しませんでした。それで仲間たちはあきらめてしまい、玄奘は秘かに一人で旅に出ようと決心します。

六二九年（古代中国の元号で貞観《じょうがん》三年）、玄奘は国禁を犯し、求法《ぐほう》の旅に出ます。そして、三年に及ぶ苦難の旅の末、インドのナーランダー僧院で師となるシーラバトラと出会うのです。このナーランダー僧院は五世紀から七世紀余にわたって繁栄した学問寺院でした。玄奘はそこで五年間学び、さらにインド亜大陸を一巡します。かつての法顕と同様、十数年にわたる旅の末、玄奘は数多くの経典とともに長安に戻ってきたのです。

玄奘三蔵を救った「般若心経」の裏話

中国に帰った玄奘は自ら携えてきた膨大な数の経典を翻訳し始めます。インドであらゆる経典に精通した玄奘は文字どおり三蔵法師となっていました。

法顕が自らの旅を書き残したように、玄奘三蔵は旅行記『大唐西域記』を著しました。これは当時の交通路や西域の様子を知る資料として貴重ですが、伝奇小説「西遊記」のもとになったのは慧立《えりゅう》（玄奘の弟子）らが書いた玄奘三蔵の伝記『大唐大慈恩寺三蔵法師伝』のほうでした。そこには仏法を求める僧として、さらには一人の人間としての玄奘が生き生きと描かれています。読んでみるとわかりますが、道中、玄奘はたびたび盗賊に襲われるんですね。窮地に立たされたとき、玄奘は必ず「般若心経」を唱えました。これは、以前、体中の腫れ物に苦しむ者を助けたとき、その病人から与えられたお経です。これには禍《わざわい》を遠ざける力があるのでしょう、玄奘が心に観音を念じ、「般若心経」を唱えると、盗賊たちは不思議に立ち去ったのでした。

玄奘がこの経を大事にしたのはそんな裏話があったためですが、この物語を通して「般若心経」も有名になっていったんですね。実は現在の「般若心経」の翻訳僧は玄奘自身ですから、道中で唱えた「般若心経」は鳩摩羅什の訳したほうだったのかもしれません。

こうして三蔵法師たちが苦難の末に漢訳したお経が日本に伝わったのです。ですから、古代から続く日本の仏教文化や経典は彼ら三蔵法師あってこそだったわけですね。

第一九回　お寺と神社
――波乱の歴史を振り返る

「寺社」や「神社仏閣」など、よく神社とお寺をまとめて言います。宗教は違うし、場所も別々なのに、まとめても違和感がありませんよね。実はずっと昔、本当に神社とお寺は同じ境内にあったんです。今回は寺社がどんな関係だったのか、そんなお話をいたします。

仏教公伝

まず、「仏教公伝」についてお話ししましょう。仏教伝来のことです。仏教が日本にやってきたのは飛鳥時代、聖徳太子が活躍したころです。年代でいいますと、六世紀前期から中期で、これは民間レベルでの話ですね。公的に伝来した年となると資料によって違うようですが、一般に五三八年といわれています。

この公式な伝来というのは百済《くだら》（朝鮮半島にあった国の一つ）の聖明王《せいめいおう》によって仏教が日本に伝えられたことをいい、「仏教公伝」と表現されます。以後、大和政権内では仏教を受容しようとする崇仏派《すうぶつは》と排除しようとする排仏派《はいぶつは》の間で対立が起きました。

崇仏派の中心が蘇我《そが》氏で、推古天皇の摂政となる聖徳太子もこちら側です。太子は蘇我氏の血統（母方）でしたし、経典を読んで仏教の教えを理解していたのでしょう。仏教の考え方は道徳的かつ哲学的であり、その世界観は宇宙全体に及ぶ広大なものですからね。

結局、仏教公伝で起きた争いの末、崇仏派が排仏派を滅ぼし、勝利を得ます。この戦勝を受け、聖徳太子は四天王寺を建立し、以後、国づくりに仏教をとりいれていきます。太子が作った「十七条憲法」には「篤《あつ》く三宝《さんぼう》を敬《うやま》へ。三宝とは、仏《ほとけ》・法《のり》・僧《ほうし》なり」とあり、まさに大乗仏教の基本といえます。こうして朝廷は仏教を手厚く保護し、天武天皇の時代には家ごとに仏舎を設け、仏像やお経を用意するよう詔勅が発せられました。これらの過程で仏教文化が花開き、仏の力が政治的に利用されるようになっていきます。聖武天皇による大仏の建立、あるいは国分寺の全国での建立などはその例ですね。

神仏習合　――本地垂迹とは

一方、仏教は各地の神々に接近し、調和しながら一体化していきました。この融合を神仏習合といいます。そして、神々は仏菩薩が人々を救済するため仮に現した姿（垂迹《すいじゃく》といいます）であるという思想が広がっていきました。よく「○○権現」といいますね。この「権」

とは「仮の／一時の」といった意味で「権《かり》に現れた○○神さま」となります。ではその真の姿（本地《ほんち》といいます）は何かといえば、如来や菩薩であるというわけです。この思想を一般に「本地垂迹」と呼びます。これは仏教に馴染みのなかった民衆に仏教や仏、菩薩というものを浸透させる推進力となりました。

やがて寺院の境内に寺を守護する鎮守神の社《やしろ》を祀るようになり、その一方、仏教の僧侶が神々を祀るため、神社の境内に寺院（神宮寺《じんぐうじ》、別当寺《べっとうじ》などといいます）を建てるようになりました。中世のころには神社と寺院は一体となり、神職がお経を唱えていました。まさに「寺社」であり、「神社仏閣」とまとめて呼べるような状態になったんですね。

神と仏の分離　――神仏判然令と廃仏毀釈

神仏習合によって独自の宗教観が育まれていきますが、明治維新とともに一変します。明治元年、新政府は寺社を分離する方針を打ち出しました。政府は現人神である明治天皇を頂点に中央集権国家を目指し、その正当性を伝統的国家神道に求めたからです。

このような神仏分離政策は国学の影響などもあって江戸期から一部の藩で行われていました。しかし、明治政府によって全国的なものとなったのです。そして、これに端を発した

「廃仏毀釈《はいぶつきしゃく》」と呼ばれるテロにも似た仏教排撃運動が各地で起こり、いくつかの藩ではエスカレートしました。中心となったのは一部の神職だったともいわれますが、寺の堂宇や仏像、仏具、経典を破壊し、あげく僧侶に還俗《げんぞく》を強要するなど非道な行いが横行したのです。

歴史をさかのぼると、寺社の間でさまざまなことが起きたことがわかりますね。でも、令和の現代ではふたたびお寺と神社がコラボレーションし、いろいろな行事を開催するようになってきました。たった今はコロナ禍が一時的に邪魔をしていますが、京都などではさまざまな試みがなされていたんです。

沼津にも多くの神社があり、私はそれらの神職さんとお話しすることがよくあるんです。明治時代ならともかく、〝異なる宗教に属しているから互いに無関係〟ということではないですよね。近世まで同じ聖域にあった間柄ですし、どちらにとってもいちばん大事なのはみんなの幸せを願うということです。それなら共通のテーマを持てるはずですよね。

日本人には古くからの伝統や文化を大切にしようという発想があります。寺社だって今よりもっといい関係を築く日がきっと来るでしょう。それまで、両者の伝統や歴史を大事にしたいと思い、今回は少々古い話をいたしました。

第二〇回　ハンセン病患者の闘い
――隔離と差別の歴史

平成十三年五月、熊本地方裁判所はハンセン病回復者の家族らが起こした人権侵害その他についての訴えに対し、国の責任を認め、賠償を命ずる判決を言い渡しました。これは平成十年七月に原告が起こした「「らい予防法」違憲国家賠償請求訴訟」に始まります。今回は訴訟の原点である隔離政策や裁判の経過などについて概略をお話ししたいと思います。

ハンセン病と日本の隔離政策

ハンセン病とは、癩《らい》菌の感染によって皮膚や神経が犯される慢性病です。昔は「癩病」といい、海外では病原菌の学名にもある「レプラ」と呼ばれました。発病すると顔面や手足に結節状の病変が形成され、変形したり崩れたりするため非常に怖ろしい病気とされました。病名の「ハンセン」とは、病原菌を発見した研究者の名に由来します。

次にご紹介するのは明治末期の医学書からの引用です。これが当時の常識だったのです。

「本病（ハンセン病）ノ伝染オヨビ蔓延ヲ防グ為ニ、患者ヲ治癩院ニ収容シテ、厳ニコレ

ヲ隔離スルヲ要ス。……本病ニハ特効薬ナシ」（注：旧字体を新字体に修正）

このころ、ハンセン病は「不治の病」といわれましたが、ハンセンの母国ノルウェーでは隔離によって患者数を激減させていました。それが隔離政策の医学的理由とされたのです。

明治三十五年四月一日付の「やまと新聞」には、日本全国のハンセン病患者が三万人を超えていたこと、国会議員から「癩患者取締ニ関スル建議案」が提出されたことが掲載されました。そして明治三十九年、再び強制隔離のための「癩予防法案」が提出され、翌四十年に「癩予防ニ関スル件」が成立します。さらに昭和六年、戦争に傾く日本は「民族浄化」の理念のもと、同病の根絶を目的に「癩予防法」を制定したのです。

遅すぎた「らい予防法」の廃止

「癩予防法」の隔離政策は、戦後、「らい予防法」へ引き継がれ、平成八年まで継続されます。もとより癩菌の感染力は非常に弱く、昭和二十一年には国産治療薬が開発され、同五十六年に現在の治療法が確立していました。薬で完治する病気だったにもかかわらずです。

国が彼らの社会復帰策を明示したのは平成十年になってからでした。療養所からの退所者には一時金（二五〇〇万円）を支給することとしたのです。でも、高齢化し後遺症もある彼ら

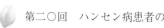

が、これだけの補償で社会復帰できようはずもありません。彼らに引受先も子もなく、あったのは未だ根強い社会からの偏見でした。だからといって、国の責任の明確化や十分な補償を求めて裁判を起こすことも容易ではありません。国費で生活しながら国と争えば、どんな状況に陥るのか不安になるでしょう。九州の入所者たちが立ち上がったのがそんな時でした。

入所者たちの闘い――広がる支援と国の態度

入所者の一人から連絡を受け、支援に乗り出したのが九州弁護士連合会です。同連合会が九州全域に呼びかけると、一四五人もの弁護士が代理人として名乗り出ました。わずか一三人だった原告はやがて膨れ上がり、平成十三年までに八〇〇人に迫る数となっていました。時とともに、国家による空前の人権侵害が明らかになっていきます。強制労働、断種（去勢）の強要、嬰児の殺害など、まるで強制収容所です。そればかりか、患者の家族や親類まで社会からの激しい偏見や差別を受けていました。古くは遺伝病ともいわれていたのです。

裁判のなかで、被告である国側の役人は、強制労働を「（患者の）慰安や健康のため」と証言しました。断種は同意の上であり、子どもを作りたければ園を出ていけばよかったと突っぱねたのです。さらに、この病気への偏見と差別は昔からのことで、国家とは無関係と主張し、ある厚生官僚は原告が勝訴するなら療養所内での待遇を改めると恫喝めいたことすら口にしました。証人尋問において国側代理人は「あなたは自分で生活費を出しているのか。医療費は?」など、患者たちの尊厳を踏みにじるがごとき質問を繰り返したのです。

平成十三年、熊本地裁は法律の制定当時にまでさかのぼって国の責任を認め、その違憲性や法を継続させた国会議員らの違法性まで認めました。裁判長は国の主張を斥けたばかりか、国のとった政策に対して「遺憾である」と明白に批判する異例の判決を言い渡したのです。そして同月、小泉純一郎首相は同判決に対し、控訴を断念する旨を発表しました。

本当の意味で国から患者たちへのお詫びだと信じたいところです。

今でもハンセン病患者に対する偏見はあるのかもしれません。神仏判然令が廃仏毀釈運動を生んだように、国の態度を見て誤解する人はいるでしょう。ですから国がそうじゃないんだと認めてくれないと、永続的に誤解されたままになりますね。県内には今でも御殿場に「駿河療養所」（昔の神山復生病院）があります。今後、隔離されていた人々の減少につれて名称を変え、一般病院になっていくそうです。でも、今回の裁判については忘れるわけにはいきません。是非、皆さんに伝えるべきことと思い、お話しいたしました。

第二一回　子宝と仏法の守護女神
――鬼子母神物語

今回は鬼子母神についての話です。おそらく、多くの方が鬼子母神という名を聞いたことがあると思います。安産や子宝、育児の守護女神のことですよね。仏教では仏法の守護者、とくに妙法蓮華経（以下、法華経）を受持する者を擁護する神といわれます。

もともと鬼子母神は古代のインドやガンダーラ地域で民間伝承されていた土俗神だそうで、人間の子をさらって喰らう鬼神でした。これからご紹介するのは、そんな悪鬼が子どもや仏法の守護者に変わる物語なのです。

鬼子母神物語

昔、鬼子母という夜叉（インド神話でいう鬼神）がおり、毎日のように人々の子どもをさらっては、自分の産んだたくさんの子どもたちに食べさせていた。子を持つ人々は恐怖のあまり釈尊のもとへ行き、事情を話して助けを求めた。人々の話を聞いた釈尊は鬼子母の住処へ行き、留守の間に夜叉の末子を連れ出して隠した。

やがて戻ってきた鬼子母はわが子の一人がいないことに気づき、狂ったように世界中を探し始めた。でも、どこを探しても末子は見つからない。七日間、わが子を探し続けたあげく、とうとう鬼子母は釈尊のもとにたどり着く。

「どうか、子どもに会わせてほしい」と嘆願する鬼子母に向かい、釈尊は「いなくなったのはたった一人だろう。お前には子どもが五〇〇人も一〇〇〇人もいるではないか」と答えた。しかし、鬼子母は「何人いようと、すべてが可愛いわが子だ」と釈尊に乞い願う。

すると、釈尊は諭すようにこう言った。

「お前はたくさんの子のうちたった一人を失っただけで、こんなに苦しんでいる。お前のため、一人か二人しかいない子を失った親の嘆きがどれほど大きいかわかるだろう」

その瞬間、鬼子母は己の行いの酷《むご》さを思い知り、この先、二度と人々の子を喰らわぬことを約束した。

その約束を聞いた釈尊が隠していた子を返すと、鬼子母は釈尊の説く仏法に帰依し、子どもたちの守り神となることを誓った。こうして人の子を喰らう夜叉は子どもと仏法の守護神となり、人々から鬼子母神として信仰を集めるようになった。

仏教経典のなかの鬼子母神

前項でご紹介したお話は比較的よく知られている物語のあらすじです。これは仏教経典（お経）に登場する話を寓話に組み立てたものですね。お経の研究者によると、鬼子母が釈尊に帰依する話は複数のお経に見られるのだそうですよ。

たとえば、あるお経には鬼子母の出生から結婚、出産などが語られ、過去世の業によって人間の子を食べるようになったと書かれています。別のお経では隠された鬼子母の子を「嬪伽羅《ぴんから》」と表記し、また、改心した鬼子母が釈尊と祇園精舎に留まって悟りを得たとするお経もあります。

一方、鬼子母神はこの物語とは別な場面でもさまざまなお経で描かれていて、たとえば日蓮宗や天台宗の経典「法華経」では法華経の信仰者の守護者となっているのです（陀羅尼品《だらにほん》第二十六）。日蓮宗が鬼子母神を大切にするのはこのためですが、法華経の擁護者としては鬼の形相に、安産・子宝の守護神としては天女の姿に描くのだそうです。

描かれた親子の情愛

鬼子母神の説話は、悪行に対する気づき、悔悟、そして釈尊への帰依を描いています。人は自ら気づかねば、なかなか変われないものです。釈尊は子を失った人々と同じ苦しみを味わわせ、鬼子母をその「気づき」に導いたわけです。そういう意味において、この物語は仏教説話であると同時に寓話というべきでしょう。

とはいえ、もう一つ忘れてはならない大きなテーマがあると思うのです。やはり母子の情愛の強さですよね。もし、わが子に対する母親の情愛がなかったら、あるいは、それが何かの原因で消えてしまうほど儚《はかな》いものであったなら、いくら釈尊でも鬼子母を「気づき」に導けなかったでしょう。その情愛の強さは子が親を思う気持ちでも同じはずです。

私はふと暁烏敏《あけがらすはや》という歌人（浄土真宗の僧）の歌を思い出しました。

十億の人に十億の母あるも　わが母にまさる母ありめやも

〈十億の人に十億人の母親がいるけれど、わが母にまさる母親がいるだろうかなあ（いや、いるはずがない）〉

まったく同感です。近年、家庭内暴力だとか、親子間の殺傷事件などが報道されますが、本当の親子の情愛とはこの説話の通りだと思うのです。瞬間的にカッとしてキレる人が多いようですが、後悔する前になんとか「気づき」を得られるといいですよね。

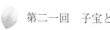

第二二回　和尚と小僧のとんち話
――無住道暁の沙石集より

今回は無住道暁《むじゅうどうぎょう》という禅僧が著した『沙石集《しゃせきしゅう》』という書から、ちょっとおもしろい話をご紹介します。仏教説話ですが、とんち話といってもいいかもしれません。

無住道暁と沙石集について

最初に作者のことをご紹介しましょう。無住道暁は十三世紀の初め、鎌倉初期に生まれた臨済宗の禅僧です。鎌倉幕府の御家人に梶原景時《かじわらかげとき》がおりましたが、その子孫だといわれております。号を一円、諱《いみな》を道暁、諡号《しごう》を大円国師といいました。

若くして出家しますが、その後、長く諸国をめぐりました。三十五歳のとき円爾《えんに》（聖一国師）のもとで臨済宗を学び、三十八歳で尾張国の桃尾寺に入りました。ここは天台宗の寺院でしたが臨済宗へ改め、北条時頼《ほうじょうときより》（鎌倉幕府の第五代執権）から三五〇石の寺領を下賜されております。このころには寺号を長母寺（山号、霊鷲山《りょうじゅさん》）としました。無住は長母寺に五〇年ほどおり、その間に『沙石集』を著しています。もともと笑い話や仏教説話などを好んだようで、それらを一冊の書としてまとめたわけですね。
『愛知県高僧伝』には「弘安六年、年五十七、沙石集を著す。此の書今に至りて盛んに天下に行はる」とあり、長く人気を博したことがわかります。実は『沙石集』には何種類かの伝本があり、収載される話が異なっているのですが、本書では細かい話は控えます。

和尚と小僧の話

ある山寺に和尚と小僧がおりました。和尚は甕《かめ》に入れた飴を食べるのを楽しみにしていました。小僧には「食べれば死ぬ毒じゃ」とウソをつき、独り占めしていたのです。もちろん、小僧はそれが飴だと知っていて、どうしたら食べられるかと考えていました。

ある日、和尚が寺を留守にしました。小僧は棚にある甕から飴をとり、食べ始めました。棚は高い所にあったので、こぼれた飴が髪や小袖についてしまいました。日ごろから食べたいと思っていた飴を存分に舐めると、小僧は何を思ったのか和尚の大事な宝物である水瓶を落として割ってしまいました。

やがて山寺に戻ってきた和尚は秘蔵の水瓶が割れていることに気づき、近くでしくしく泣いている小僧に向かい「けしからん。何をしたんだ」と怒りました。すると小僧は「過ちで水瓶を割ってしまいました。どれほど怒られるだろう、生きていても仕方がないと〝食べれば死ぬ〟と仰った毒を食べたのです。ところが、一生懸命に食べても死ねません」と答え、また泣きました。これを聞いた和尚には返す言葉がありませんでした（沙石集巻七下　十六話「慳貪者事《けんどんじやのこと》」より）。

仏教説話と滑稽話

おもしろいですね。実はほぼ同じ話が一休さんを主人公とする話のなかにも登場します。たとえば『一休諸国物語』には「一休さんがまだ二十二、三歳のころ、師匠飴壺を一つ持ちて……」で始まる話があり、師匠が「死ぬ毒」だと言って独り占めしている飴を、その留守中に棚から下ろして食べてしまいます。これ以後の展開は無住道暁の話とほとんど同じですから、私は一休さんの話が『沙石集』をもとにしているとすぐにわかりました。

一方、能や狂言を好きな読者のなかには「附子《ぶす》」という狂言の内容と非常に似通っていることに気づかれた方がおられるでしょう。この「附子」というのは、トリカブトの根からとった毒のことなんです。薬にも利用されますが、たくさん摂取すると命とりです。

この演目「附子」の主人公（シテ）は太郎冠者《かじゃ》です。家の主人は砂糖を入れた桶の中身を

「附子という猛毒だ」とウソをつき、独り占めしています。その主人が出かけると、太郎冠者は次郎冠者と一緒に蓋を開け、砂糖をすっかり食べてしまいます。太郎冠者は何とかごまかそうと一計を案じ、家宝の天目茶碗を壊します。以後の展開はほとんど同じですが、家宝まで壊されたことで主人は烈火の如く怒り、二人を追い回して終わるのです。

ロジックはほぼ同じですね。でも、「附子」という狂言の演目が『沙石集』から作られたかどうかはわかっていません。実際、シルクロードの敦煌《とんこう》の石窟から同様な話のある書が発見され、無住道暁より五〇〇年も前にこういった話があったこともわかっているんです。

さて、似たお話ですが、『沙石集』や一休さんの話と、狂言の「附子」とでは少々違うところがありました。つまり、最後のところです。

無住道暁は仏の教えを授ける立場の和尚の態度を主眼に置きました。ウソで独り占めしようとした和尚は結果として飴も宝も失います。因果応報、なるほど仏教説話です。でも、「附子」のように「コラー！」と小僧を追いかけ回せばドタバタ喜劇で終わります。

やはり仏教説話には釈尊の教えを背景とする道徳や教訓が含まれているのです。そこが一般の滑稽話や笑い話との違いです。今回、そんなことを改めておもしろいなと感じました。

第二三回　保護司の経験
——悪い者たちは仲間をつくろうとする

今回は仏教から離れ、私の体験をお話しします。私はボランティアで保護司をやっておりまして、未成年者を含むさまざまな方々から体験談や教訓を聞いてきたのです。

保護司　どんな仕事をしているか

「保護司なんて聞いたことがない」という方もおられるかと思います。簡単に申しますと、「刑務所や少年院などから社会に戻ってきた方々の更生を助け、再犯を防ぐことで社会福祉に寄与する」という役割です。「保護司法」という法律も制定されておりますね。

具体的な仕事内容を挙げますと、まずは、担当相手との定期的な面接や指導です。いわば保護観察です。また、釈放後に居住予定先の受け入れ態勢を整備し、再犯防止や地域の啓発などといった「犯罪予防」もしています。

近年はドラッグにまつわる未成年の事例が多く、ダルクと呼ばれる通所施設で依存性薬物から解放するためのプログラムやミーティングの実施も含まれます。ダルクは〝ＤＡＲＣ〟

と書かれ、これはドラッグのD、アディクション（病的依存）のA、リハビリテーションのR、センター（施設）のCを組み合わせた略語です。ここでいう依存性薬物とは、有機溶剤（シンナーほか）や覚せい剤、危険ドラッグなどで、一部の市販薬も含みます。

現場の体験を通して

あるとき、ダルクの研修会で薬物中毒の若者二人に「違法薬物を使うようになったきっかけ」を質問したことがありました。話を聞くうちにわかってきたのが、薬物依存者たちの行動傾向です。依存者はとにかく他人を仲間に引き入れようとするんです。表面的には「友だち」のふりをしますから、お人好しほど罠にはまってしまうのです。最初は「一度だけなら平気だ」と思うのでしょうが、それが引き返せない闇路への第一歩になるのです。

なぜなら、ドラッグの効果は衝撃的で、実にすばらしい気分になるからです。怖いものなどなくなり、「世界一偉くなったような気になる」と彼らは表現していました。

なるほど依存状態になるのもわかります。しかも、普段から孤独を感じていたり、何らかの劣等感に苛まれていたりすれば、恰好の逃げ場となるでしょう。やがてシンナーから覚せい剤へ、さらにコカインへと深みにはまっていくのです。

一方、印象的だったのがそんな話をしていた二人の熱心さです。その話は真に迫っていて、とても説得力がありました。しかも、「今はうれしくてしょうがない」と言うのです。

それはつまり、こういうことだったのです。

「(薬物依存で)どうしようもなかった自分が、こうして皆さんのような保護司さんの前でお話をさせてもらうなんて、こんなことってあるのかと驚いています。自分はようやく生きがいを見つけたような気がしておりまして、他の子どもたちに自分のようになってもらいたくないという思いから、一生懸命自己反省しながらお話をさせていただいてます」

未然に防げるのか

未成年者の話を聞くと「夜回り先生」こと、水谷修《みずたにおさむ》先生を思い出す方もおられるでしょう。違法薬物の問題に限らず、犯罪に向かう子どもたちの特徴として、夜に家を出て遊び回り、昼間に行くべき学校を休むという傾向がありますね。

夜間高校の教諭になった水谷先生は、その著書で「(夜間教員となった)時を同じくして、私は夜の世界、闇の住人になった」と書いています。最初から目的を持ってそうした、というわけですね。その目的とは「夜の街にさまよう子どもたちへの声かけであり、できれば保護すること」でした。そのためなら暴力団事務所や暴走族の集会所へも平気で乗り込んでいきます。ですから警察からは「最も死に近い教師」と呼ばれていたそうです。

そこまでしても救えなかった子どもたちは多く、むしろさらに深い闇に行ってしまったケースもあったようです。手遅れ、という状況だったのでしょうか。

彼らが闇の世界へ向かうときのシグナルはいくつかありますが、それが社会で十分に見られているのかといえばそうではなさそうです。また、それを親や教師がわかっていても、実際に正しい行動をともなうかどうか難しいところでしょう。でも、そうしなければ、取り返しのつかない状況に陥る危険は常にあるのです。「夜回り」を通して五〇〇〇人以上の子どもたちに関わった水谷先生はこう言います。

「夜の街は心ときめくような彩りがあったとしても、それは偽りの彩りであり、薄汚れている。街で交わされるやさしい言葉たちも、子どもを食い物にしようとする悪意にまみれたものばかりだ」

悪い者は仲間をつくろうとすること、そして、捕まった者はシグナルを出していること、そういうことを周囲の皆さんが気にかけるようになってほしいと思います。

第二四回　沼津を愛した若山牧水
――旅と草鞋の話

今回は沼津とゆかり深い歌人、若山牧水《わかやまぼくすい》の話をします。旅を愛し、沼津の自然や酒を愛した人でした。『別離』『くろ土』『山桜の歌』ほか多くの歌集を出版していますね。

「旅と酒」の歌人、若山牧水

沼津とゆかりがあるとはいっても、牧水さんの生まれは宮崎県、誕生年は明治十八年でした。早稲田大学を卒業後、主に東京で活躍し、品のある親しみやすい歌風で多くのファンを獲得しました。よく旅に出ては土地の酒を飲み、歌を詠んで旅日記を書いたことから「旅と酒」の歌人などとも呼ばれました。

沼津との出会いは大正九年ごろで、東京での生活に疲れを感じた時期だったそうです。静養先に選んだのは未だ市制をしいていない地方都市の沼津でした。そこで間近に富士を仰ぎながら、地域の自然に心を奪われたわけですね。特に愛したのが千本松原で、大正十五年に一部伐採計画が静岡県のほうから持ち上がったとき、反対運動の先頭に立っていたのが他ならぬ牧水さんでした。「沼津市若山牧水記念館」によりますと、新聞に「沼津千本松原」という題で原稿を投稿し、国技館で開催された「千本松原伐採反対市民大会」で熱い演説をしたそうです。ですから、現在、千本松原がちゃんと残されているのは、牧水さんたちの反対運動のおかげなんですね。

沼津と牧水

若山牧水が沼津での永住を決めたのが大正十二年ごろでした。同年九月に関東大震災が発生し、東京は壊滅してしまいました。その少し前から転居を考えてはいたようですが、大震災が最後の一押しをするかたちになったわけです。

沼津に居を構えた牧水さんは歌誌『創作』と詩歌総合誌『詩歌時代』を創刊しました。つまり、戦前の沼津町が一躍文壇の表舞台に躍り出たようなかたちです。これが大正十五年のことでしたから、つまりは静岡県による千本松原伐採計画と同じ年ということになります。そんな時期の牧水さんが千本松原の危機を黙って見過ごすわけがありませんよね。

その後も牧水さんはしばしば旅に出て、歌や紀行文を残しました。昭和に改元された晩年には病気がちだったそうですが、千本松原での散策は没するまで続けていたそうです。鬼籍に入ったのは昭和三年九月のことで（享年四十三）、沼津の乗運寺に埋葬されました。同寺院は千本松原に近く、山号を「千本山」といいます。

現在、若山牧水の業績を伝える「沼津市若山牧水記念館」が沼津市千本郷林にありますね。同館の発足は昭和六十二年、ちょうど牧水の没後六十年のことでした。

草鞋の話、旅の話

実は牧水さんの詩や歌を見ていて、ちょっと気になったことがありました。牧水さんは旅に出るとき靴ではなく、必ず草鞋《わらじ》を履いているんですよ。江戸時代ならわかりますけれど、明治から大正時代のことですからね。しかも、この草鞋に対して、とても思い入れがあったようです。「枯野の旅」と題する詩では、使い古した草鞋に対して「お前」と語りかける場面があるほどなんです。ちょっと引用しましょう。

草鞋よ　お前もいよいよ切れるか
今日　昨日　一昨日　これで三日　履いて来た
履き上手の私と　出来のいゝ、お前と　二人して越えて来た
山川のあとをしのぶに　捨てられぬおもひぞする　なつかしきこれの草鞋よ

紙数の関係で一部つなげましたが、まるで気心の知れた相棒に対するような口調ですよね。実は私も物を捨てられない性分でして、気になったのはそのせいかもしれません。最近、〝断捨離〟が流行で、用の済んだ物をどんどん捨ててしまいます。でも、私はお寺を始めた当時の、茶碗一つなかったことを思い出すんです。普段は古くなったら捨ててしまうものでも、実はそれがなければ生活できませんでした。切れた草鞋だって、それがなければ気持ちよく歩けなかったのです。そう考えると大事なご縁でしょう。その大切なご縁をポンポン気軽に切れるかといえば、やはりできないんですね。

ここで引用した詩は『樹木とその葉』という本に収められていて、その冒頭にも草鞋と旅の話がありました。そこで牧水さんは「私は草鞋を愛する」とはっきり書いており、「草鞋を履いて大地の上に立つと五体の引き締まるのを感じ、身体の重みをしっかりと地の上に感じる」と言っています。

旅先ですばらしい詩を書き、歌を詠めたのは、そんな愛すべき〝相棒〟とのご縁があったからこそでしょう。切れた草鞋を捨てたくないと思うのも当然です。今回は牧水さんの業績だけではなく、ふと覚えた共感もお伝えしたくてお話をいたしました。

第二五回　トヨタ自動車とお寺

――交通安全への祈り

二五回目のお話は、わが国の代表的な自動車メーカーであるトヨタ自動車株式会社（以下、トヨタ自動車またはトヨタ）とお寺についてです。

現在、自動車産業というと、電気自動車や燃料電池車、水素エンジン車といった脱炭素社会に向けた最新の技術分野を思い浮かべますね。そんな先端企業が仏教や寺院などと関係があるのかと思われるでしょうが、実はトヨタ自動車が建立した寺院があるのです。名前は「蓼科山《たてしなさん》聖光寺《しょうこうじ》」、令和二年に開山五〇周年を迎えました。

聖光寺とはどんな寺院？

トヨタ自動車が建立した聖光寺は長野県茅野《ちの》市にあります。開山は昭和四十五年七月、本尊は救苦観世音菩薩《ぐくかんぜおんぼさつ》立像《りゅうぞう》です。当時、トヨタ自動車の社号はトヨタ自動車販売株式会社といい、系列会社などとともに聖光寺を創建しました。このとき、本尊の観音菩薩の開眼法要を執り行ったのが法相宗《ほっそうしゅう》第一二六代管長の橋本凝胤《はしもとぎょういん》大僧正です。当時、奈良の法相宗大本山「薬師寺」の長老を務めていました。これにより、聖光寺は薬師寺の別院として開山することとなりました。ですから宗派でいえば法相宗ですね。

私はインターネットで公開されている写真しか見たことがないのですが、近くに池があり、春には桜が綺麗に咲くらしく、少し門池に似ているような印象でした。

なぜトヨタ自動車は寺院を創建したのか

聖光寺には次のような「三大寺命」という、いわば使命があるそうです。

①交通安全の祈願　②交通事故犠牲者の供養　③交通事故負傷者の早期社会復帰の祈願

もうおわかりと思いますが、聖光寺創建の背景には多発する交通事故があったのです。

日本は江戸末期に開国し、明治新政府の誕生によって西洋の文化や機械技術を取り入れるようになりました。そのなかには蒸気機関車や自動車が含まれ、太平洋戦争以前から徐々にその台数を増やしていました。しかし、モータリゼーションの本格的な隆盛は戦後になってからです。それとともに交通事故とこれにともなう死傷者の数は増加の一途をたどり、高度成長期に入った昭和三十年代半ばには年間死者数が一万人を超えるようになりました。それが三年も続いた昭和三十六年には「交通戦争」という言葉が使われるようになり、新聞紙上で特集が組まれるまでに社会問題化したわけです。

ちょうど全国の道路整備が進み、「マイカーブーム」が巻き起こった時期ですね。つまり、それまで高嶺の花だった自家用車を、庶民がなんとか買えるようになってきたころというわけです。そして昭和四十五年には、交通事故による死者が一万六〇〇〇人を超えるという過去最悪の事態に陥りました。トヨタが交通安全を祈って聖光寺を創建したのが、まさにこの年だったのです。

激減した交通事故

創建以後、聖光寺では毎月の十八日、観音菩薩の縁日に交通安全・一路安穏の法要を営み、毎年の七月十七と十八日、大晦日と元日に交通安全祈願大法要を催してきました。夏にはトヨタ自動車の各部所を担当する経営陣が集まり、各部門の視点で交通安全への思いを新たにしてきたそうです。本当に安全な自動車を開発しようとすれば、すべての部門がそこを目指して協力し、地道な努力を長く継続させていかねば実現できないでしょう。トヨタ自動車はそんな思いで寺院を創建したのです。

そして聖光寺が創建五〇周年を迎えた令和二年、交通事故による死亡者数は統計開始以来、初めて三〇〇〇人を下回りました。創建年の死者数に比較すると五分の一以下、昭和四十五年以後、その数はたしかに激減してきたのです。

技術に祈りの精神は必要か

創建五〇周年を目前に控えた平成三十年の夏、聖光寺の松久保《まつくぼ》秀胤《しゅういん》住職はこの激減した事実について、トヨタの経営陣を前に「奇跡のような出来事」と表現しました。そして同時に「祈禱したからできたとは申さない」とも言い、こう続けました。

「ひたすらに物事を行い、結果において不思議と奇跡のようなことが起きることがある」

つまり、「奇跡を起こしたのは、ひたすら安全な自動車をつくろうと努力してきたトヨタの精神である。今後もこれを続けるように」と言ったのです。

現在、トヨタは静岡県の裾野市に「ウーブン・シティ」という未来型都市を建設し、ＡＩや自動運転など先端技術の実証実験を計画しています。果たして、その都市構想のなかに寺院や神社は含まれているのでしょうか。トヨタからそんなコメントがあったかどうかは知りませんが、そう予想しているジャーナリストはいるのだそうです。たしかに、「トヨタなら」と思わないでもありませんね。実は私も楽しみにしているんですよ。

第二六回　人生を見つけた人たちのお話

――最近の読書から

今回は最近読んだ本のなかから、二つほど素敵なお話をご紹介します。

永遠に残るもの

『こころのチキンスープ2』という本に掲載される「永遠に残るもの（原題：Three Letters from Teddy）」というお話です。

〈ミセス・トンプソン先生のクラスにはテディという態度も成績もよくない子がいました。教え子はみんな平等のはずですが、本音ではテディを好きになれません。テディの答案用紙に「×」と書くときには意地悪な快感を覚えてしまうのでした。

でも、先生は「もう少し思いやりをもてなかったか」とも思っていたのです。なぜなら、テディの記録から、以前は成績も態度も良かったこと、母親の健康状態から家庭に問題があったことを知ったからです。その母親が亡くなったあと、父親は子どもに無関心でした。

その年のクリスマス休暇の前日、生徒たちが先生にプレゼントを贈りました。テディからのプレゼントは茶色の包装紙で粗末にくるまれていました。中にあったのはガラス玉の欠けた腕輪と使いかけの安香水です。生徒の数人が小馬鹿にし始めると、ハッとした先生はすぐに腕輪と香水をつけて「すてきよ」と喜んで見せました。その日の放課後、一人残っていたテディは、「先生、今日はお母さんと同じ匂いがしたよ」とやさしく言いました。先生は一人になるとドアに鍵をかけて泣き、償いをしようと決心します。クリスマス休暇の午後をテディと過ごすようになり、彼は少しずつ成績を伸ばしていくのです〉

その後、勉強を好きになったテディは高校や大学を出るたび、真っ先に先生へ報告の手紙を出すようになります。そして、最後に医学博士の称号を得たことを報告するのです。

さて、本当の人生を見つけ、取り戻したのはどちらだったのでしょう。この話にはもう少し続きがあるんですよ。それから、この本の翻訳には原文とやや異なるところがあり、英語のペーパーバック『Three Letters from Teddy』もお勧めしたいと思います。

『論語と算盤』――大谷選手と本の縁

二つめはマンダラチャート（目標達成シート）についてです。メジャーリーグで大活躍中の大谷翔平《おおたにしょうへい》選手が活用していたことをご存じでしょうか。「曼荼羅《まんだら》」というのは仏や神々を一定の様式で配置した図をいいます。実は、九×九マスの正方形で構成される「目標達成シート」がこれと似ているためそう呼ばれるんですね。

チャートでは中心の正方形に最終目標を記入し、これを囲む八つの正方形には最終目標達成に必要な項目を書き入れます。さらにその外側には八項目を実現するための具体的な行動や訓練を配置します。学生時代の大谷選手は中心に「ドラフト1位　8球団」と書き、体作りやメンタル、運、人間性などの八項目を配置していました。

ちなみに大谷選手が「運」のいい選手になるため、どんなことを実践しようとしていたかというと、あいさつ・プラス思考・ゴミ拾い・部屋そうじ・本を読む、などの八項目でした。概ね納得できますが、読書を「運」の要素としていたことには少し驚かされました。

大谷選手は日本ハムファイターズに入団した後でも同様なチャートを使っていたそうですよ。ただし、中心の最終目標は「メジャーリーグに行く」としていたのです。これはインターネット上のある記事で見たことですが、チャートのなかに「論語と算盤を読む」という項目があったそうです。それも「人間性」を実現するための要素の一つとしてです。言われてみれば、試合中の何気ない動作に彼の人間性がふと見えることがあります。驚くべきことですが、八一マスもあるチャートの実践項目をほぼ達成しているのでしょう。

本書の第一六回で、私が渋沢栄一の『論語と算盤』を読んだことをお話ししましたね。これも「縁」ですから、改めてお勧めしたいと思います。それとともに、人生の目標を決めたら、ぜひマンダラチャートを試したらどうかと思うのです。もちろん大谷選手のようになれ、ということではなく、何かをやりたい、何かになりたいと考えたとき、それを最善のかたちで実現できるよう、まずは八項目を考えてみるといいなと思ったのです。

人間にとって「縁」というものは生きていく上ですごく大切になります。大谷選手に『論語と算盤』を読むよう勧めたのは、ファイターズの栗山英樹《くりやまひでき》監督だったそうです。理由はその本から受け取ったメッセージのためでした。それは次のような内容です。

「すぐに成果が出なくとも、それはまだ機が熟していないだけである。（好機の到来まで）忍耐強く（自らのすべきことを）続けるべきだ」

以後、監督は若手選手全員にこの本を贈っているそうです。きっと大谷選手も同じメッセージを受け取ったのでしょう。華やかな活躍の影で懸命に本を読み、忍耐強く努力を続ける姿が浮かんでくるようです。皆さんにもよい本とのご縁がありますように……。

第二七回　ローマ教皇の来日
――平和への祈り

ローマ教皇のフランシスコさんが日本にいらっしゃいました（令和元年十二月の放送より）。ローマ教皇の来日は三八年ぶりとのことで、ニュースなどで「アジア重視の姿勢」などと報道されていました。特に大きく報道されたのが、核兵器の被爆地である広島や長崎での「核兵器についてのメッセージ」でした。

ローマ教皇フランシスコ

フランシスコ教皇の生まれは一九三六年、和暦ですと昭和十一年にあたりますね。生誕地はアルゼンチン共和国の首都ブエノスアイレスですが、両親はイタリアからの移住者だったようです。このころの名前（つまりは本名）はホルヘ・マリオ・ベルゴリオといい、教皇となって名乗った「フランシスコ」というのはイタリアのアッシジに生まれた聖者の名に由来しています。

子ども時代のホルヘはサッカーに夢中な普通の子どもだったそうですが、二十歳でイエズス会に入って聖職者となり、三十二歳のときに司祭となりました。その間、イエズス会の日本管区長と出会うなどして被爆国である日本に興味をもち、当時、日本への派遣を申し出たそうです。しかし、病気のため肺の一部を切除するなど健康上の理由で実現しませんでした。

その代わり、故国アルゼンチンの貧しい人々への支援のため、ブエノスアイレスのスラム街で長く活動されました。これもかなり過酷だったらしく、それこそ一帯を牛耳るギャングやマフィアから脅されながら支援を続けたそうです。そしてベネディクト十六世の退位を受け、第二六六代ローマ教皇となったのが二〇一四年のことでした。今回の来日はその五年後というわけです。

若いころから行きたいと願っていた日本への訪問がやっと実現したことになりますね。もともと核被爆国への思いを強くしていたのですから、初めから爆心地へ行こうと考えていたのでしょう。日本での滞在は十一月二十三日から二十六日までのわずか四日間でしたが、来朝翌日の二十四日には広島と長崎をともに訪れたのでした。

平和の祈り

爆心地に立ったフランシスコ教皇はスピーチを行い、世界に向けて「核兵器についてのメッセージ」を発信しました。そのなかで「国際的な平和と安定は、相互破壊への不安や壊滅の脅威を土台とした、いかなる企てとも相容れないものであり、全人類が共有する相互尊重と奉仕への協力と連帯という、世界的倫理のみによって実現可能である」と述べました。核兵器の廃絶はもちろん、全人類の持続的な発展と平和を訴えたのです。

そして、メッセージの終わりに、〝LORD, make me an instrument of Your peace.〟で始まる「聖フランシスコの祈り」を部分的に引用しました。自らの教皇名に選んだ聖者の祈りとあって、毎朝のように唱えていると聞きました。すばらしい言葉ですから、その全文をご紹介しましょう（長崎で引用したのが前半部分でした）。

主よ、私をあなたの平和の道具としてください。

憎しみのあるところに愛を、諍いのあるところに赦しを、
分裂のあるところに一致を、疑惑のあるところに信仰を、
誤りのあるところに真理を、絶望のあるところに希望を、
闇あるところに光を、悲しみのあるところに喜びを。

ああ、主よ、慰められるより慰めることを、理解されるより理解することを、

愛されるより愛することを、私が求めますように。
私たちは自ら与えることによって受け、許すことによって赦され、
自分をささげて死ぬことで、永遠の命を得られるからです。

フランシスコ教皇は機会あるごとにこの「平和の祈り」を唱え、時には一部を現代社会や発信相手に合わせて文言を変えることもあるようです。ミッション系の学校では生徒手帳などに記載しているところもあるそうですよ。

それぞれの言葉を見ればわかりますが、キリスト教だろうと仏教であろうと、平和や戦争についてのメッセージってほとんど同じことなんですね。ですから、これは私だって毎朝、唱えたくなるような言葉ですし、ローマ教皇がこんな思いで日々を過ごされていることがすばらしいと感じました。

そもそも、こういう祈りというのは政治家にはできません。国境やイデオロギーを超えた宗教者でなければ言えませんし、そんな立場の者だからこそ真実を口にできるのでしょう。そういう意味でローマ教皇の訪日には大きな意味があるなと感じましてね、それをお伝えしたくてお話しいたしました。

第二八回　お寺という空間
――三明寺とご縁のあった二人の女性

今回は坐禅会などでご縁があり、とても印象に残った二人の女性についてのお話です。

三明寺の涅槃図《ねはんず》

最近ではあちらこちらのお寺で「写経の会」を開いておりますが、三明寺では写経のほかに「写仏会《しゃぶつかい》」をやっており、もうずいぶん長く続いています。この写仏というのは、お地蔵さまや観音さまのお姿を絵図として描き写すことをいいます。実際には、もともと描かれている仏さまの絵に紙を重ね、なぞっていくわけです。ですから難しいことはありませんし、新しい発見もあるでしょう。写経だと文字ばかりですが、ときに絵図を交えると気分も変わりますよね。

以前、この写仏会に長く通ってこられていた会員のひとりにTさんという女性がおりました。つい先日、たまたま私がTさんの知人の方のところにお邪魔しておりましたところ、偶然、Tさんご本人が来られまして、「おや、懐かしいですね」とご挨拶する機会がございました。昔話をするなかで「まだ写仏をしていますか」とお尋ねしたところ、「やっております。なにか描くものがございますかしら」と仰ったものですから、「涅槃図」のことを申し上げてみたんです。

涅槃図というのは釈尊が入滅する場面を描いた絵図のことをいいます。お釈迦さまの正確な命日は伝わっていませんが、一般に二月十五日といわれており、禅宗のお寺では二月一日から十五日まで涅槃図を掲げ、「遺教経《ゆいきょうぎょう》」というお経をあげるんです。これは釈尊が入滅したとき弟子に遺した最後の説法をお経にした、いわば「遺言」のようなものです。禅宗ではとても大切にしているお経の一つですね。

そんなふうに話が進み、Tさんがその作品を手がけられることになりました。その涅槃図は令和二年に完成いたしまして、一般公開もいたしました。涅槃図の下中央には沙羅双樹《さらそうじゅ》のもとで横になった釈尊がおり、近くに弟子たちがいます。彼らを囲むように十二支の動物がおり、ゾウもいます。

なぜ動物まで釈尊の死を悼んでいたかというと、釈尊が悟りを開いたとき、生きとし生けるもののすべてに仏性があり、本来、衆生は平等に仏であると感得されたからですね。

久しぶりに再会したTさんとのご縁により、三明寺の「涅槃図」という作品ができあがりました。毎年、二月になりますと本堂の東側にこの涅槃図を掲げ、釈尊の「遺言」をお唱えすることとなったのです。

三明寺と床の間

一方、坐禅会に七年間ほど通っていた女性がおられまして、大きな病院の看護師長を務められた真面目な方でした。

先日、たまたま三明寺に来られる機会があり、少しばかりお話をいたしました。すると、通っていた七年間を「とてもラッキーな時間でした」と振り返ってくださいました。そして、お寺のことをこのように仰いました。

「お寺の存在というのはなくてはならぬ場所、ホッとする場所あるいはそういう空間です。いってみれば床の間みたいなところです」

床の間というのは家具や道具などを置かず、お花や掛け軸を飾るところですね。現実社会のストレスから離れ、ふっと心を和ませる場所、そんな「間《ま》」といってもいいかもしれません。彼女はそんな心の置き所を必要としていて、私にいろいろ話したかったのでしょう。三

○分というもの、ほとんど彼女がしゃべり続けていたんです。
ところが、話を聞いていると彼女の人生に対する姿勢が人一倍前向きで、どんな物事でも「ラッキー」という見方をしようとすることがわかってきました。

――なんて私は幸せなんでしょうか。

実はそうじゃないんですよ。彼女にはいろんなことがいっぱい、苦しいことがいっぱいあったんです。ご主人だって三十六歳という若さで胃がんを患ってますしね。ところが苦しいとか不運だとか、そういうふうには決して受け取りません。

そのご主人を八十歳で亡くしたときも、急な出来事だったそうです。散歩から帰ったら突然立てなくなり、あわてて休ませようとすると、ご主人は首を振って這うように二階の自室へ行ったそうです。それから、ものの五分もたたないうちに息を引き取ってしまったというのです。彼女は心の準備だってできていなかったでしょう。でも、それを「まさにこれを大往生というんですね」と言うんです。いろんな苦労があっても微塵もそれを感じさせず、一時一時を懸命に前向きに生きているのです。私は、こういう生き方っていいなあと、憧れに近い気持ちをもちましてね、強く印象に残った女性でした。

第二九回　セロトニンと釈尊の呼吸法
——坐禅で幸せホルモンを！

今回は生活を幸せにするセロトニンと呼吸法についてです。これを専門に研究されている方がいるのですが、実は二五〇〇年も前に釈尊が似たことを言っていたのです。

セロトニンは神経伝達物質

脳の中には無数の神経細胞（さまざまな刺激を伝える役割をする）がありますね。神経細胞のなかで刺激は電気的に伝わりますが、別の神経細胞にそれを伝えるときには物質が介在しています。これを「神経伝達物質」といい、それらのなかの一つがセロトニンです。神経以外に血管など局所的に作用することもあり、そういった場合は「オータコイド」といいます。今回、副題で皆さんがイメージしやすいように「幸せホルモン」と書きましたが、厳密には「ホルモン」ではありません。少々難しいですが、便利な言葉があります。「生理活性物質」といえばこれらすべてを含みますので、迷ったらこれを使うのもいいですよ。セロトニンは「幸せ活性物質」なんです。

セロトニンですっきり爽快！

セロトニン研究の第一人者が東邦大学医学部の有田秀穂《ありたひでほ》名誉教授です。『心も脳も整える！ セロトニン呼吸法』『セロトニン欠乏脳』など一般向けの本も上梓しており、セロトニンのことをこう書いています。「大脳皮質を活性化してすっきり爽快にする」「交感神経を適度に刺激し、朝の目覚めをスムーズにする」「背筋の伸びたよい姿勢にする」「痛いところがあると、これを軽減する」。いいことばっかりですね。逆に欠乏すると、むやみに恐怖心や不安が募るなどロクなことがないのです。近年、「キレる」とか「うつ」とか聞きますが、そんなときにはセロトニンが欠乏しているのだそうですよ。

有田教授はセロトニンをつくり出す神経細胞（セロトニン細胞）を鍛える方法として、適度でリズミカルな運動に加え、腹式の呼吸法を挙げています。セロトニン活性が上がるとアルファ波が現れ、心身が元気になります。太陽を浴びるのもいいそうです。

釈尊の呼吸法

一時、釈尊は断息（息を止める）などの苦行をしていた時期がありましたが、苦行の無意味さを知った後には、むしろ弟子たちに呼吸法を修めるよう説きました。「雑阿含経《ぞうあごんきょう》」（巻二九）には釈尊が弟子に言った言葉として、「安那般那念を修するべきである。これに習熟すれば身体は疲れず、目は患まず…（以下略）…」とあり、やがて初禅から四禅天に進み、ついには輪廻転生を脱するというのです。

「安那般那念」とは、パーリー語の「アナパーナ・サティ」の音写で、いわば釈尊の説く呼吸法です。私たちはごく自然に呼吸をしていますが、釈尊は入息（息を吸う）と出息（息を吐く）を意識し、自分の説く瞑想に習熟しなさいと導いたわけです。また、「四禅天」とは仏教でいう色界のことで、禅定により転生できる欲望から解放された天界です。釈尊は呼吸法に習熟して禅定の段階を進めれば、色界さえ脱して解脱できるというのです。

この呼吸法を医学的に研究されたのが村上弘昌博士で、実際に『釈尊の呼吸法』という著書を上梓されています。それには、釈尊の呼吸法がさまざまな病の予防や治療に役立つことが示され、そのなかには「ノイローゼ」「うつ」といったものも挙げられています。

ただ、村上博士によると、釈尊の方法を弟子たちがすぐにできるわけもなく、そこで登場したのが「数息《すそく》」だといいます。下腹から出てくる息を吐きつつ一から一〇まで数え、数と数の間に軽く息を吸います。これを繰り返していると雑念が湧きません。難しいお経を読んでも似た効果がありますが、そういう意味では難解なほうがいいのだそうですね。

道元禅師の説く坐禅「只管打坐」

『釈尊の呼吸法』には呼吸法を実践するときの坐法（つまりは坐禅）が解説されていますが、実は有田教授の『セロトニン欠乏脳』にも坐禅による呼吸法がセロトニンを増加させると書かれています。そして第一一章のタイトルはズバリ「只管打坐」です。道元禅師の説く坐禅を神経学的に分析され、只管打坐はセロトニン細胞の活動レベルを高い状態で維持するというのです。

道元禅師は『普勧坐禅儀』で「いわゆる坐禅は習禅《しゅうぜん》には非《あら》ず」といっています。つまり、坐禅とは悟りや仏法を得ようといった目的で行うものではないと説き、「坐禅は安らかに生きる道への門である」というのです。日々、坐禅のごとく暮らせたなら、たしかに心身ともに健康的になりますよね。セロトニンの効果ですっきり爽快です。

セロトニン呼吸法や釈尊の呼吸法、そして道元禅師の只管打坐には共通する部分がありました。これらはいずれもセロトニンという「幸せ活性物質」を増加させ、私たちの健康や日々の暮らしにすばらしい効果をもたらすものだったのです。

第三〇回　マ・ティーダ氏の得た真の自由
――仏教の瞑想法

今回は「真の自由」について、仏教の瞑想法とともにお話しします。この上なく不自由な「独房」のなかで、六年間も「真の自由」を実現した女性がおられたのです。

マ・ティーダ氏の民主化運動と投獄

マ・ティーダ氏は外科医ですが、ミャンマーの人権活動家として知られています。当時、ミャンマーは軍事政権下にありましたからね。彼女がアウンサンスーチー氏（以下、スーチー氏）に共感したのは一九八八年のことです。同年八月、シュエダゴン・パゴダ寺院の西側広場で行われたスーチー氏の演説を聞き、国民民主連盟（ＮＬＤ）の情報部門に入ったのです。以後、彼女はスーチー氏を補佐し、ミャンマーの民主化運動に力を注ぎます。しかし一九八九年、国家の全権を掌握した軍事政権はスーチー氏を自宅軟禁し、ＮＬＤのメンバーの多くを投獄しました。それでも民主化運動を続けたマ・ティーダ氏でしたが、複数の罪で告発され、二〇年の刑期を言い渡されました。このとき民主化運動は犯罪だったのです。

収監されたのは国内でも悪名高いインセイン刑務所で、投獄後、すぐに肉体的な自由の制限を強く感じたそうです。それはそうでしょう。彼女は数メートル四方というごく狭い独房に入れられ、連日、二三時間に及ぶ監視下であらゆることを禁止されました。やがて重い病気にかかり、高熱と不正出血のためインセイン病院に搬送されました。そこは彼女が外科医として勤めていた病院でしたが、白衣の代わりに囚人服を身につけて戻されるという屈辱に耐えねばなりませんでした。しかも、十分な治療は受けられず、かろうじて処方された薬は没収されました。結局、彼女は困難な囚人生活を六年に渡って強いられたのです。

刑務所に感謝したマ・ティーダ氏

六年後、釈放されることになった彼女は「この刑務所に入れてくれて感謝します」と言ったそうです。これは皮肉でもなんでもなく、心からの言葉でした。

しかし、そんな人っているでしょうか。動物以下の扱いを受け、筆舌に尽くしがたい抑圧と苦痛を絶え間なく味わわされてきた監獄です。「もう見るのも嫌だ。二度と来るものか」と言うのが普通でしょう。いったい、彼女に何が起きていたのでしょうか。

プライバシーの一切を奪われた彼女の精神を救ったのが仏教の瞑想でした。それも特別な瞑想法です。一日二四時間のうち、彼女は二〇時間くらいこれを行ったのです。たまたま彼女の母親が熱心な仏教信者で、早朝から毎日そんな瞑想をするのが習慣でした。独房のマ・ティーダ氏はこれによって精神の自由を得られたわけですが、そればかりか肉体的自由さえ得たと表現しました。誤解のないよう書きますが、精神を集中させ、一種の夢想世界に入った状態を「自由」といっているのではありません。逆に、自らと現実をはっきりと見つめ直した、というほうが近いだろうと思います。

サマタ瞑想とヴィパッサナー瞑想

一般に「ヴィパッサナー」といわれる瞑想法（内観瞑想）が仏教にあります。が、仏僧のすべてが実践しているわけではありません。ミャンマーに伝わる仏教とは上座部仏教（かつて小乗仏教といわれました）であり、自ら解脱するための修行と戒律を重んじるのです。上座部仏教はインドから南方へ伝わったパーリ語仏典を原典とし、それには二つの瞑想法があります。サマタ瞑想のほうは一般的な瞑想とほぼ同じで、意識を集中させ精神の安定を得ます。これに対し、ヴィパッサナー瞑想では「智慧《ちえ》」が出現することを目的に自分や現実を明確に観察し、あらゆる感覚を超越していこうとします。この「智慧」とはつまり悟りであり、ひらめきに近い瞬間に訪れる解脱です。

マ・ティーダ氏はこれを六年間続けるうち、自分が精神的には真に自由であること、一方、自由に見える看守たちのほうがむしろ不自由であるという不思議な感覚を得ていきました。

そんな彼女は権利の行使の自由を手放しませんでした。看守が差し入れをくすねれば、たとえ果物一つといえども筋を通します。訴えに時間がかかり、果物が腐ってしまおうとです。やがて副看守長が独房の彼女にこう言います。「あなたは自由な人だ。でも、我々は公務員なんだ、わかってほしい」。それはまるで囚人を羨むようでした。

彼女が収監に感謝した理由がおわかりでしょう。真の自由を知る機会を得たからですよね。

二〇一七年、上智大学で彼女はこの体験を中心に講演しました。その後、学生から「瞑想を知らぬ弱い自分たちが困難に直面したらどうすべきか」との質問に対し、彼女は「SNSが普及する今、他人から支持を得ることで自信を持つ人が多い。しかし、自分の心の声を聞き、自分自身を理解することで自信や独立心につなげるべきだ」と答えました。

真の自由を得た彼女の言葉は重要です。強くなるには自信や独立心を得ることが大切になりますが、それらは真の（本物の）自信でなければならないと言ったのです。

第三一回　曹洞宗の御詠歌「梅花流」
――仏教の歌と南こうせつ

平成三十年五月、静岡このはなアリーナで「梅花流全国奉詠大会」が開催されます。今回はこれにちなみ、昭和二十七年に発足した曹洞宗の御詠歌「梅花流」についてご紹介します。なお、流派の名「梅花」は正法眼蔵に「梅華」の章があることなどから選ばれました。

仏教の音楽　――声明と御詠歌

仏教の音楽といいますと、大変古くから「声明《しょうみょう》」というものがございまして、主に天台宗や真言宗で盛んでした。その源流をたどると、古代インドの聖典ヴェーダに付けたバラモン教の音曲にたどり着くのだそうです。現在の仏教では独特の歌唱による演出で儀式や法要の雰囲気を荘厳にしたり、印象深いイメージを醸し出したりするのです。

一方、御詠歌のほうは一般の方々が主役です。そのため、比較的分かりやすい内容になっていましてね、たとえば道元禅師の詠まれた歌ですとか、和讃などから題材をとるわけです。つまり、仏の教えや大切な言葉をメロディーにのせてみんなで歌う音楽です。そして、みんな仲よく、明るい世の中にしていきましょうというのが主な目的なんですね。

梅花流の発足

曹洞宗は修行の正門を坐禅としている禅宗ですから、みんなで歌うというようなことをしてきませんでした。しかし、終戦直後には抑圧からの解放や戦死者の霊を慰めたいという願いから御詠歌が盛り上がったんですね。昭和二十四年以後、毎年のように全国各流讃仏歌大会が催されました。曹洞宗の「梅花流」は一種の御詠歌ブームのなかで生みだされます。

終戦の翌年、曹洞宗は民衆教化のため、「ヘイワ・オンド」（サトウハチロー作曲）を発表し、翌年、さらに二曲を発表します。戦後の曹洞宗は音楽による教化を宗派の方針としていたのです。また、昭和二十七年は道元禅師の七〇〇回遠忌の年でしたから、永平寺監院だった丹羽仏庵《にわぶつあん》師はこれを機に宗門の詠讃歌を作りたいと願っていました。当時、持病の喘息に苦しんでいましたが、体調を戻してからは積極的に動いたようです。仏庵師に師事した丹羽《にわ》蓮芳《れんほう》師は自身の半生記『梅華開』のなかで、再三にわたって宗務庁へ御詠歌創設を進言した仏庵師について書いています。

やがて三人の尼僧が真言宗「密厳流《みつごんりゅう》」の道師のもとで指導を受け始めます。音楽という初めての経験に戸惑いながらも尼僧らの挑戦は実を結び、昭和二十七年、梅花流御詠歌で初となるレコード発売にこぎ着けます。彼女らは御詠歌の布教講習でも活躍し、やがて全国の尼僧による研修会を通じて多くの梅花流師範を生み出していくのです。

尼僧たちの必死の活動の背景には、実は尼僧の復権という目標がありました。当時、尼僧の地位は男僧のそれに比べて著しく低かったのです。ですから、彼女たちの挑戦には二重の意味があったわけですね。

南こうせつの梅花流詠讃歌

昭和二十七年に発足した曹洞宗の御詠歌「梅花流」ですが、主に歌われるのは〝お釈迦さまの御詠歌〟とか〝高祖道元禅師の歌〟あるいは〝良寛さまの歌〟といった具合です。もちろん「声明」に比べれば一般向けの内容ではありますが、そういったものばかりですと宗教色がかなり強いわけです。なかには西洋風といいますか、現代的な楽曲があったほうが今の日本では親しみが増していきそうですよね。

そこで平成十八年、南こうせつという方が「まごころに生きる」という梅花流詠讃歌を作ったのです。彼は七〇年代に「かぐや姫」というフォークソンググループで有名になったシンガーソングライターで、大分県にある曹洞宗寺院「勝光寺」のお生まれです。これが実によい歌詞なんですね。

そよ吹く風に小鳥啼き　川の流れもささやくよ
季節の花はうつりゆき　愛しい人は今いずこ
ほほえみひとつ涙ひとつ　出逢いも別れも抱きしめて
生きてる今を　愛して行こう

今を生きてるということは幸せなことだから、その今を愛したいという、私たち人間の生き方を明るく照らすような歌です。こういう音楽は勇気をくれますよね。

私も法事や葬儀、お通夜などの際、お経以外にその場に合った御詠歌を必ず選びます。それをお唱えしてあげると、そこに故人への情が湧き上がってきますから、ご遺族に涙を出す助けをしてくれるんです。悲しい時は涙を流したほうがいいんですよね。ご葬儀のあと、「御詠歌を唱えていただいてよかったですよ」って言われることが時々あります。そんなとき、御詠歌にはお経とは別の力というものがあるとつくづく思います。

第三二回　三明寺の天井絵
――願いごとのかなう五つの絵

本書の最後で三明寺の天井絵についてご紹介したいと思います。この絵は現在の本堂にございまして、そのなかには願いごとがかなうと伝わる絵だってあるんですよ。

三明寺の移転と本堂

前著『やすらぎ説法』でもお話ししましたが、現在の三明寺の始まりは沼津市本郷町から現在の地へ移転した平成十四年です。当時、私どものお寺は「光明院」といいましたが、境内が少々手狭になってきていました。その年はちょうど曹洞宗の高祖、道元禅師の七五〇回大遠忌の年でしたから、これを記念する意味も込めて移転することとしたのです。

実は、現在の三明寺がある場所は古くから同じ名の寺院の境内となっていました。ですから大変に歴史と由緒のあるところなんですね。そこで、そのご縁にちなんでお寺の名を三明寺に改めることにしたのです。

このとき、本堂として移築した建物が、千葉県茂原《もばら》市にある実相寺《じっそうじ》というお寺の旧本堂でした。その寺院の宗派は日蓮宗でしたから禅宗様式の建物ではなかったのですが、移築する際に改装したのです。

この本堂には格天井《ごうてんじょう》（木を格子に組み、板を張った天井）があり、格子それぞれにさまざまな絵が描かれていました。全部で二〇〇枚以上あったでしょう。でも、すでに築二〇〇年という古い建物でしたから、もう絵として観賞に耐える状態ではなかったんです。やむを得ず処分することとしたのですが、そのときふと閃いたことがございました。

大本山の天井絵を本堂に

前項でも触れましたように、この年は道元禅師の七五〇回大遠忌にあたっておりました。私はふと大本山永平寺の天井絵のことを思い出し、それを三明寺の本堂に描けば素晴らしいなと思いついたんです。

永平寺の境内には「傘松閣《さんしょうかく》」という建物があり、その大広間の格天井には二三〇枚の天井絵があるのです。その傘松閣もこの七五〇回大遠忌を記念して新たに建て直されており、天井絵のある大広間はその二階に移されていました。

旧傘松閣は昭和五年の虚雲懐奘《こうんえじょう》（永平寺二世）の六五〇回遠忌の記念として建てられたも

ので、天井絵は当時の日本画家たちの作品でした。ほとんどは花鳥図といって、自然の風景のなかで花や鳥を主題として描いた絵です。

花鳥画なら東洋画としては伝統的な画題ですし、三明寺の本堂にぴったりです。枚数も合うので模写をしていただく方を探したのですが、最終的に中国の画家にお願いしました。沼津市と友好都市の提携関係にある岳陽市に住む方です。実は日本国内の絵描きさんを頼むと一枚あたり数十万円かかりましたので、費用面のことも考えてお願いしてみたんです。すると快く承諾してくださいましてね、それからおよそ三年ほどかけて描いてくださいました。二三〇枚すべての絵が揃ったのが令和四年八月のことで、記念に一般公開もいたしました。

余談になりますが、大本山永平寺にあった旧傘松閣の古い建材は地元の町で「多業種交流センター」と合わせた複合施設として再活用されているんです。一六〇畳の大広間には展示用のショーケースが整備され、永平寺にゆかりある美術品などが展示されているそうです。そして、この大広間は「絵天井広間」とも呼ばれているらしいですよ。

そうなんです、その天井には格子が元通りに復元されていて、三明寺本堂のように天井絵も再現されたというわけです。

願いをかなえる五枚の絵

永平寺の天井絵はなかなかに見応えがありますが、じっくり見ていくと少々毛色の違う絵があることに気づきます。これは私も知らないことだったのですが、花鳥図とは異なる絵が五枚あるのだそうです。しかも、「五枚全部を探し当てると、願いごとがかなう」といわれているらしいんですよ。なんだか、おもしろいですよね。お寺のなかで天井絵を見ながら、特別な画題の絵を探すなんて遊び心があります。

確かに、その五枚の絵というのが変わっていて、「白い鯉」「黒い鯉」「青い獅子」「白い獅子」「リス」の絵なんです。

それなら目立つだろうと思われるかもしれませんが、なにしろ数が多いですから、なかなか見つかりません。はるばる永平寺に行って拝観料を払っても、願いごとはそう簡単にかなわないというわけです。特に団体ツアーだと見学時間が限られていますしね。

でも、今では三明寺に同じ絵がございますよ。もし、リスや鯉、獅子の絵を探し出して願いをかなえたいとお思いでしたら、ぜひ、おいでください。三明寺なら拝観料もかかりません。本堂に入ったとたん、二三〇枚の美しい天井絵が出迎えてくれるはずです。

妙《みょう》法《ほう》蓮《れん》華《げ》経《きょう》如《にょ》来《らい》寿《じゅ》量《りょう》品《ほん》偈《げ》

自《じ》我《が》得《とく》仏《ぶっ》来《らい》　所《しょ》経《きょう》諸《しょ》劫《こう》数《しゅ》　無《む》量《りょう》百《ひゃく》千《せん》万《まん》
億《おく》載《さい》阿《あ》僧《そう》祇《ぎ》　常《じょう》説《せっ》法《ぽう》教《きょう》化《け》　無《む》数《しゅ》億《おく》衆《しゅ》生《じょう》
令《りょう》入《にゅう》於《お》仏《ぶつ》道《どう》　爾《に》来《らい》無《む》量《りょう》劫《こう》　為《い》度《ど》衆《しゅ》生《じょう》故《こ》
方《ほう》便《べん》現《げん》涅《ね》槃《はん》　而《に》実《じつ》不《ふ》滅《めつ》度《ど》　常《じょう》住《じゅう》此《し》説《せっ》法《ぽう》
我《が》常《じょう》住《じゅう》於《お》此《し》　以《い》諸《しょ》神《じん》通《ずう》力《りき》　令《りょう》顛《てん》倒《どう》衆《しゅ》生《じょう》
雖《すい》近《ごん》而《に》不《ふ》見《けん》　衆《しゅ》見《けん》我《が》滅《めつ》度《ど》　広《こう》供《く》養《よう》舎《しゃ》利《り》
咸《げん》皆《かい》懐《え》恋《れん》慕《ぼ》　而《に》生《しょう》渇《かつ》仰《ごう》心《しん》　衆《しゅ》生《じょう》既《き》信《しん》伏《ぶく》
質《しつ》直《じき》意《い》柔《にゅう》軟《なん》　一《いっ》心《しん》欲《よく》見《けん》仏《ぶつ》　不《ふ》自《じ》惜《しゃく》身《しん》命《みょう》
時《じ》我《が》及《ぎゅう》衆《しゅ》僧《そう》　倶《ぐ》出《しゅつ》霊《りょう》鷲《じゅ》山《せん》　我《が》時《じ》語《ご》衆《しゅ》生《じょう》
常《じょう》在《ざい》此《し》不《ふ》滅《めつ》　以《い》方《ほう》便《べん》力《りき》故《こ》　現《げん》有《ぬ》滅《めつ》不《ふ》滅《めつ》
余《よ》国《こく》有《う》衆《しゅ》生《じょう》　恭《く》敬《きょう》信《しん》楽《ぎょう》者《しゃ》　我《が》復《ぶ》於《お》彼《ひ》中《ちゅう》
為《い》説《せつ》無《む》上《じょう》法《ほう》　汝《にょ》等《とう》不《ふ》聞《もん》此《し》　但《たん》謂《に》我《が》滅《めつ》度《ど》

我《が》見《けん》諸《しょ》衆《しゅ》生《じょう》　没《もつ》在《ざい》於《お》苦《く》海《かい》　故《こ》不《ふ》為《い》現《げん》身《しん》
令《りょう》其《ご》生《しょう》渇《かつ》仰《ごう》　因《いん》其《ご》心《しん》恋《れん》慕《ぼ》　乃《ない》出《しゅつ》為《い》説《せっ》法《ぽう》
神《じん》通《ずう》力《りき》如《にょ》是《ぜ》　於《お》阿《あ》僧《そう》祇《ぎ》劫《こう》　常《じょう》在《ざい》霊《りょう》鷲《じゅ》山《せん》
及《ぎゅう》余《よ》諸《しょ》住《じゅう》処《しょ》　衆《しゅ》生《じょう》見《けん》劫《こう》尽《じん》　大《だい》火《か》所《しょ》焼《しょう》時《じ》
我《が》此《し》土《ど》安《あん》穏《のん》　天《てん》人《にん》常《じょう》充《じゅう》満《まん》　園《おん》林《りん》諸《しょ》堂《どう》閣《かく》
種《しゅ》種《じゅ》宝《ほう》荘《しょう》厳《ごん》　宝《ほう》樹《じゅ》多《た》華《け》果《か》　衆《しゅ》生《じょう》所《しょ》游《ゆう》楽《らく》
諸《しょ》天《てん》撃《ぎゃく》天《てん》鼓《く》　常《じょう》作《さ》衆《しゅ》伎《ぎ》楽《がく》　雨《う》曼《まん》陀《だ》羅《ら》華《け》
散《さん》仏《ぶつ》及《ぎゅう》大《だい》衆《しゅ》　我《が》浄《じょう》土《ど》不《ふ》毀《き》　而《に》衆《しゅ》見《けん》焼《しょう》尽《じん》
憂《う》怖《ふ》諸《しょ》苦《く》悩《のう》　如《にょ》是《ぜ》悉《しつ》充《じゅう》満《まん》　是《ぜ》諸《しょ》罪《ざい》衆《しゅ》生《じょう》
以《い》悪《あく》業《ごう》因《いん》縁《ねん》　過《か》阿《あ》僧《そう》祇《ぎ》劫《こう》　不《ふ》聞《もん》三《さん》宝《ぼう》名《みょう》
諸《しょ》有《う》修《しゅ》功《く》徳《どく》　柔《にゅう》和《わ》質《しっ》直《じき》者《しゃ》　則《そく》皆《かい》見《けん》我《が》身《しん》
在《ざい》此《し》而《に》説《せっ》法《ぽう》　或《わく》時《じ》為《い》此《し》衆《しゅ》　説《せっ》仏《ぶっ》寿《じゅ》無《む》量《りょう》
久《く》乃《ない》見《けん》仏《ぶっ》者《しゃ》　為《い》説《せっ》仏《ぶっ》難《なん》値《ち》　我《が》智《ち》力《りき》如《にょ》是《ぜ》

慧《え》光《こう》照《しょう》無《む》量《りょう》　寿《じゅ》命《みょう》無《む》数《しゅ》劫《こう》　久《く》修《しゅ》業《ごう》所《しょ》得《とく》
汝《にょ》等《とう》有《う》智《ち》者《しゃ》　勿《もつ》於《と》此《し》生《しょう》疑《ぎ》　当《とう》断《だん》令《りょう》永《よう》尽《じん》
仏《ぶっ》語《ご》実《じつ》不《ふ》虚《こ》　如《にょ》医《い》善《ぜん》方《ぽう》便《べん》　為《い》治《じ》狂《おう》子《し》故《こ》
実《じつ》在《ざい》而《に》言《ごん》死《し》　無《む》能《のう》説《せっ》虚《こ》妄《もう》　我《が》亦《やく》為《い》世《せ》父《ぶ》
救《ぐ》諸《しょ》苦《く》患《げん》者《しゃ》　為《い》凡《ぼん》夫《ぶ》顛《てん》倒《どう》　実《じつ》在《ざい》而《に》言《ごん》滅《めつ》
以《い》常《じょう》見《けん》我《が》故《こ》　而《に》生《しょう》憍《きょう》恣《し》心《しん》　放《ほう》逸《いつ》著《じゃく》五《ご》欲《よく》
堕《だ》於《お》悪《あく》道《どう》中《ちゅう》　我《が》常《じょう》知《ち》衆《しゅ》生《じょう》　行《ぎょう》道《どう》不《ふ》行《ぎょう》道《どう》
随《ずい》応《おう》所《しょ》可《か》度《ど》　為《い》説《せっ》種《しゅ》種《じゅ》法《ほう》　毎《まい》自《じ》作《さ》是《ぜ》念《ねん》
以《い》何《が》令《りょう》衆《しゅ》生《じょう》　得《とく》入《にゅう》無《む》上《じょう》道《どう》　速《そく》成《じょう》就《じゅ》仏《ぶっ》身《しん》

千《せん》手《じゅ》千《せん》眼《げん》観《かん》世《ぜ》音《おん》菩《ぼ》薩《さつ》広《こう》大《だい》円《えん》満《まん》無《む》礙《げ》大《だい》悲《ひ》心《しん》陀《だ》羅《ら》尼《に》

南《な》無《む》喝《か》囉《ら》怛《たん》那《の》　哆《と》囉《ら》夜《や》耶《や》。
南《な》無《む》阿《お》唎《り》耶《や》　婆《ぼ》盧《りよ》羯《き》帝《ちい》　爍《し》盋《ふ》囉《ら》耶《や》　菩《ふ》提《ぢ》薩《さ》埵《と》婆《ぼ》耶《や》　摩《も》訶《こ》薩《さ》埵《と》婆《ぼ》耶《や》　摩《も》訶《こ》迦《きや》嚧《る》尼《に》迦《きや》耶《や》
唵《えん》　薩《さ》皤《は》囉《ら》罰《は》曳《えい》　數《しゅ》怛《た》那《の》　怛《とん》寫《しゃ》　南《な》無《む》悉《し》　吉《き》利《り》埵《と》伊《い》蒙《もう》阿《お》唎《り》耶《や》　婆《ぼ》盧《りよ》吉《き》帝《ちい》室《し》佛《ふ》囉《ら》　楞《り》馱《と》婆《ぼ》　南《な》無《む》那《の》囉《ら》謹《き》墀《じ》
醯《き》唎《り》　摩《も》訶《こ》皤《ほ》哆《ど》沙《しゃ》咩《み》　薩《さ》婆《ぼ》阿《お》他《と》　豆《じよ》輸《しゅ》朋《べん》　阿《お》逝《しゅ》孕《いん》　薩《さ》婆《ぼ》薩《さ》哆《と》　那《の》摩《も》婆《ぼ》伽《ぎや》　摩《も》罰《は》特《て》豆《ちよ》　怛《と》姪《じ》他《と》
唵《えん》　阿《お》婆《ぼ》盧《りよ》醯《きい》　盧《りよ》迦《ぎや》帝《ちい》　迦《きや》羅《ら》帝《ちい》　夷《い》醯《き》唎《り》　摩《も》訶《こ》菩《ふ》提《じ》薩《さ》埵《と》　薩《さ》婆《ぼ》薩《さ》婆《ぼ》　摩《も》囉《ら》摩《も》囉《ら》　摩《も》醯《き》摩《も》醯《き》　唎《り》馱《と》孕《いん》　倶《く》
盧《りよ》倶《く》盧《りよ》　羯《け》蒙《も》　度《と》盧《りよ》度《と》盧《りよ》　罰《ほ》闍《じよ》耶《や》帝《ちい》　摩《も》訶《こ》罰《ま》闍《じや》耶《や》帝《ちい》　陀《と》囉《ら》陀《と》囉《ら》　地《ち》唎《り》尼《に》　室《し》佛《ふ》囉《ら》耶《や》　遮《しゃ》囉《ろ》遮《しゃ》囉《ろ》麼《も》麼《も》　罰《ま》
摩《も》囉《ら》　穆《ほ》帝《ち》隷《り》　伊《い》醯《き》移《い》醯《き》　室《し》那《の》室《し》那《の》佛《ふ》囉《ら》嗲《さん》佛《ふ》羅《ら》舍《しゃ》利《り》　罰《は》沙《ざ》罰《は》嗲《ざ》　佛《ふ》囉《ら》舍《しゃ》耶《や》呼《く》盧《りよ》呼《く》盧《りよ》摩《も》囉《ら》　呼《く》盧《りよ》呼《く》盧《りよ》醯《き》唎《り》
娑《しゃ》囉《ろ》娑《しゃ》囉《ろ》悉《し》唎《り》悉《し》唎《り》　蘇《す》嚧《りよ》蘇《す》嚧《りよ》　菩《ふ》提《じ》夜《や》菩《ふ》提《じ》夜《や》　菩《ふ》馱《ど》夜《や》墀《ふ》馱《ど》夜《や》　彌《み》帝《ち》唎《り》夜《や》　那《の》羅《ら》謹《きん》墀《じ》
地《ち》唎《り》瑟《しゅ》尼《に》那《の》　婆《ほ》夜《や》摩《も》那《の》　娑《そ》婆《も》訶《こ》　悉《し》陀《ど》夜《や》　娑《そ》婆《も》訶《こ》　摩《も》訶《こ》悉《し》陀《ど》夜《や》　娑《そ》婆《も》訶《こ》　悉《し》陀《ど》喩《ゆ》藝《き》　室《し》皤《ふ》羅《ら》耶《や》　娑《そ》婆《も》訶《こ》
那《の》囉《ら》謹《きん》墀《じ》　娑《そ》婆《も》訶《こ》　摩《も》羅《ら》那《の》羅《ら》　娑《そ》婆《も》訶《こ》　悉《し》囉《ら》僧《すう》阿《お》穆《も》佉《ぎや》耶《や》　娑《そ》婆《も》訶《こ》　娑《そ》婆《ぼ》摩《も》訶《こ》悉《し》陀《ど》夜《や》　娑《そ》婆《も》訶《こ》　者《しや》吉《き》囉《ら》阿《お》
悉《し》陀《ど》夜《や》　娑《そ》婆《も》訶《こ》　波《ほ》哆《と》摩《も》羯《ぎや》悉《し》陀《ど》夜《や》　娑《そ》婆《も》訶《こ》
那《の》囉《ら》謹《きん》墀《じ》　皤《は》伽《ぎや》囉《ら》耶《や》　娑《そ》婆《も》訶《こ》　摩《も》婆《ほ》利《り》勝《しん》羯《ぎや》羅《ら》耶《や》　娑《そ》婆《も》訶《こ》
南《な》無《む》喝《か》囉《ら》怛《たん》那《の》哆《と》囉《ら》夜《や》耶《や》　南《な》無《む》阿《お》唎《り》㖿《や》　婆《ぼ》盧《りよ》吉《き》帝《ちい》
爍《し》皤《ふ》囉《ら》夜《や》　娑《そ》婆《も》訶《こ》　悉《し》殿《て》都《ど》　漫《も》多《ど》囉《ら》　跋《ほ》陀《ど》耶《や》　娑《そ》婆《も》訶《こ》

主な参考文献

『沙石集　後編』一円　法蔵館　一八九二年
『鬼子母神縁起詳談』山田琢玄　等潤会　一八九二年
『普勧坐禅儀詮要』大内青巒　鴻盟社　一九〇二年
『真宗聖教大全 在家宝鑑　中巻』横川藤太郎　横川湊文堂　一九〇三年
『承陽大師聖教全集　第1巻』道元　永平寺出張所　一九〇九年
『承陽大師聖教全集　第3巻』道元　永平寺出張所　一九〇九年
『臨済録講義』勝峰大徹　光融館　一九〇九年
『坐禅和讃講話』宗演　光融館　一九一二年
『一休諸国物語』平田止水　大川屋書店　一九一三年
『在家曹洞宗聖典』茂木無文　誠進堂書店　一九一三年
『縮刷　大蔵経』竹園行潜ほか（校閲）博文閣　一九一四年
『十六羅漢』山辺習学　日月社　一九一五年
『和泉流狂言大成 第四巻』山脇和泉　わんや江島伊兵衛　一九一八年

『国訳禅宗叢書　第11巻』国訳禅宗叢書刊行会　一九一九年
『法華経講義』織田得能　光融館　一九二〇年
『静かなる旅をゆきつつ』若山牧水　アルス　一九二一年
『愛知県高僧伝』手島益雄　東京芸備社　一九二四年
『達磨大師のお話』飯塚夢袋　金の鳥社　一九二八年
『論語と算盤』渋沢栄一　忠誠堂　一九二七年
『釈尊伝』岡教邃　平楽寺書店　一九二九年
『国訳禅学大成　第七巻』国訳禅学大成編輯所　二松堂書店　一九二九年
『樹木とその葉』若山牧水　春陽堂　一九三二年
『大聖釈尊伝』磯村野風　日蓮宗名著刊行会　一九三四年
『禅道講話』伊藤敬宗　内外出版印刷　一九三四年
『国訳大蔵経　経部　第一巻』国民文庫刊行会　一九三五年―一九三六年
『国訳大蔵経　経部　第五巻』国民文庫刊行会　一九三五年―一九三六年
『日本仏教思想史』大野達之助　吉川弘文館　一九五七年
『仏教説話文学全集　1』仏教説話文学全集刊行会　隆文館　一九六八年
『ソークラテースの弁明・クリトーン・パイドーン』プラトーン　新潮社　一九六八年

『法顕伝・宋雲行紀　東洋文庫194』長沢和俊訳　平凡社　一九七一年
『続仏教語源散策』中村元編　東京書籍　一九七七年
『梅華開　――わが半生』丹羽蓮芳　洞慶院　一九八〇年
『ブッダ悪魔との対話　サンユッタ・ニカーヤ1』中村元　岩波書店　一九八六年
『ブッダ神々との対話　サンユッタ・ニカーヤ2』中村元　岩波書店　一九八六年
『玄奘三蔵　大唐大慈恩寺三蔵法師伝』慧立、彦悰／長沢和俊訳　光風社出版　一九八八年
『道元禅師全集　第五巻』酒井得元ほか監修　春秋社　一九八九年
『新普勧坐禅儀講話』小倉玄照　誠信書房　一九九一年
『鬼子母神信仰』宮崎英修　雄山閣出版　一九九二年
『大乗仏教 中国・日本篇　23　道元』上田閑照ほか編　中央公論社
『こころのチキンスープ 2』ジャック・キャンフィールドほか　ダイヤモンド社　一九九六年
『君ならできる』小出義雄　幻冬舎　二〇〇〇年
『釈尊の呼吸法　大安般守意経に学ぶ』村木弘昌　春秋社　二〇〇一年
『仏典を読む1　ブッダの生涯』中村元　岩波書店　二〇〇一年
『仏典を読む2　真理のことば』中村元　岩波書店　二〇〇一年
『禅の道　道元禅師に叱られて』澤木興道　大法輪閣　二〇〇二年

『セロトニン欠乏脳』有田秀穂　日本放送出版協会　二〇〇三年
『夜回り先生』水谷修　サンクチュアリ出版　二〇〇四年
『宿なし興道法句参　沢木興道老師の言葉を味わう』内山興正　大法輪閣　二〇〇六年
『日本でいちばん大切にしたい会社』坂本光司　あさ出版　二〇〇八年
『特別企画展　牧水と沼津　千本松原、富士山、そして…』沼津牧水会　二〇一一年
『心も脳も整える！　セロトニン呼吸法』有田秀穂　青春出版社　二〇一二年
『アビダンマ講義シリーズ　第八巻　瞑想と悟りの分析②（ヴィパッサナー瞑想編）　仏陀の実践心理学』
アルボムッレ・スマサーラ　サンガ　二〇一三年
『敗戦後の日本を慈悲と勇気で支えた人　スリランカのジャヤワルダナ大統領』野口芳宣　銀の鈴社
二〇一七年
『感染症対人類の世界史』池上彰・増田ユリヤ　ポプラ社　二〇二〇年

大嶽正泰（おおたけ　しょうたい）

昭和20年静岡県庵原郡富士川町（現富士市）生まれ。静岡県立富士高校卒。駒澤大学、大学院修士・博士課程修了。曹洞宗大本山總持寺で修行、大雄山最乗寺専門僧堂講師、沼津市光明院住職を経て、現在、三明寺住職。曹洞宗大教師、保護司、沼津市仏教会副会長、沼津市北倫理法人会相談役等。妻、子供男子4人、他弟子3人。SBSラジオ「Radio East」のコーナー「和尚のやすらぎ説法」、ぬまづコーストFM「和尚のぶっちゃけばなし」を放送中。四季落語会開催。三明御輿会主催。著書に『和尚のちょっといい話』（春秋社 2006年）、『やすらぎ説法』（静岡新聞社　2017年）がある。

やすらぎ説法2

2023年4月8日　初版発行

著者・発行者／大嶽正泰

制作・発売元／静岡新聞社

〒422-8033　静岡市駿河区登呂3-1-1

TEL. 054-284-1666

編集／弘文舎出版

〒424-0041　静岡市清水区高橋1丁目15-79

TEL. 054-365-4515

印刷・製本／図書印刷

ISBN978-4-7838-8068-4 C0015

●定価はカバーに表示してあります

●乱丁・落丁本はお取り替えします